ホームパーティ

HOME PARTY

和を楽しむ食卓 12 か月

江川晴子

PARTY DESIGN 代表

PROLOGUE

前著『HOME PARTY』を出版後、和のパーティの本を作りたいと思っていました。数年前から私自身が、和食、お茶、和花、和菓子の世界に夢中になっていたからです。勉強を続けるうちに興味の対象は、和食器、庭園、掛け軸、茶器と広がり、現在もその熱は続いています。

日本料理やお茶の世界では、この道30年、40年の先輩方が大勢、勉強を続けていらっしゃいます。そんな中に混じって、日々自分の未熟さを痛感している私が、和をテーマにした本を書くのは本来であれば僭越すぎることですが、元々洋風のパーティを専門にしてきて、数年前まで和はハードルが高いと思っていた私だからこそ、和になじみのない方がこの世界に足を踏み入れるお手伝いができるのではないかと思っています。この本では、魅力的なテーブルをどうやって作るかという部分を、前著よりも具体的に、分かりやすく書いたつもりです。「和でおもてなしは難しそう」と考えていた方が、この本を見て「これならできそう。和って素敵！」と思っていただけたら嬉しい限りです。

前著でもお世話になった世界文化社の川崎阿久里様に出版のお声がけをいただき、沼田美樹様に編集をお願いし、そして今回も松川真介様に写真を撮っていただきました。前著『HOME PARTY』とともに、この本が皆さまのお役に立ち、楽しんでいただけることを願っております。

江川晴子

江川晴子（えがわ・はるこ）

PARTY DESIGN 代表

パーティ／テーブル　コンサルタント

ケータリングサービスを中心としたパーティプロデュースに長らく携わってきた江川晴子さん。企業やVIPがオーダーするあらゆるTPOとさまざまな規模のパーティの食卓を作ってきました。そんなプロフェッショナルが教える講座「PARTY SEMINAR」は座学では終わらない体験型セミナーとして人気の的です。簡単でおいしい料理のレシピからとっておきの取り寄せ美味情報、クロスや食器の選び方、便利な調理器具などセミナーでの話題も多岐にわたります。本書は江川さんが2016年に立ち上げた新講座「JAPANESEコース」を1冊にまとめたものです。

CONTENTS

7 *Chapter 1*

和食器、道具、季節の表現

JAPANESE TABLEWARE, KITCHEN TOOLS AND SEASONAL EXPRESSION

9 和食器のこと

10 - 折敷を使ってみる／ 12 - 重箱を使いこなす／

16 - 大皿を買ってみよう／ 18 - 豆皿の楽しみ／ 20 - 変形皿で遊ぶ／

22 - お茶セットを作ってみる／ 25 - 和食器のルール:「正面」を知る

26 和食を支える道具

28 限られた時間の中で食卓を作るテクニック

34 季節のあしらい

36 季節の前菜、八寸を作る

36 - 春の八寸【祝い】／ 37 - 夏の八寸【ハッピーアワー】／

38 - 秋の八寸【秋色あつめ】／ 39 - 冬の八寸【謹賀新年】

41 *Chapter 2*

四季折々の食卓演出

TABLES OF DIFFERENT SEASONS

42 和のパーティを成功させる7つのポイント

44 1-2月　春を待つテーブル
WAITING FOR SPRING　*Buffet*

50 3-4月　お弁当仕立て
LUNCHBOX PARTY　*Seated*

58 5-6月　新茶でアフタヌーンティー
AFTERNOON GREEN TEA　*Buffet*

66 7月　大人の夕涼み
AFTER A HOT SUMMER'S DAY　*Buffet*

72 8月　夏祭り
SUMMER FESTIVAL　*Buffet*

80 9月　月を愛でよう
UNDER THE MOONLIGHT　*Seated*

88 10月　秋刀魚づくし
ALL ABOUT SANMA　*Buffet*

96 11月　なりきり蕎麦屋
MOCK SOBA NOODLE RESTAURANT　*Seated*

102 12月　イヤーエンドに集う
NEW YEAR'S EVE PARTY　*Buffet*

110 おもてなしの花〜飾り方で印象が変わる

114 メニューカードを作る〜「WELCOME」の気持ちを込めて

116 PARTY ALBUM

124 PARTY RECIPES

Chapter 1

和食器、道具、季節の表現

JAPANESE TABLEWARE, KITCHEN TOOLS
AND SEASONAL EXPRESSION

ぐい呑みに胡麻豆腐と味噌。
そして、けしの実をのせて。黒い
器でも、重い印象にならないの
は薄手のガラス製だからです。

・ぐい呑み／
Sghr スガハラショップ青山
・トレー楕円／BUNACO

和食器のこと

どちらかと言えば洋食好きだった両親の影響もあり、20代後半で初めて自分のキッチンを持った私は、洋食器はともかく、和食器については何も分からない状態でした。飯碗、汁椀、箸、平皿、小鉢等は一種類ずつ揃えてはみましたが、それはあくまでもとりあえずのものであり、そこには自分の趣味というほどのものはなく、どう使ってよいかも分からなかった覚えがあります。

たくさんの和食器に触れて自分の好みを知る

30代半ばでケータリングの仕事を始めてからは、多くのパーティの現場を経験することになりましたが、そこで気づいたのは、パーティに参加するゲストはまず、テーブルの美しさを目で楽しみ、気分が高揚し、それから料理を手に取って味わってくださるのだ、ということです。

この順番を意識することが、私の仕事にとっては非常に重要でした。つまり、食べておいしいものを作ることはもちろん重要ですが、料理が引き立つ器を選び、魅力的に盛り付けるという最終工程をおろそかにしては、ゲストを引き付けることはできず、ケータリングは成功しません。

そこに気づいて初めて、厳選して器を買うという習慣が身につきました。

和食器の使い方が分からなかったのは、和食に触れる機会が少なすぎたことが原因でした。そこからスタートした私が今のように和食器の使い方を皆さんにご提案するようになった過程を振り返ってみると、まずはたくさんの和食器を見ることがとても大切でした。数多く見ていくうちに、自分が惹かれる器の傾向が分かるようになります。

器選びに妥協は不要、選ぶポイントを決める

私が器を買うときに、必ずすることと、考えるポイントがあります。
・手に取って、手触りや厚み、重さを確かめる。
・自然光で色を確認する。
・完全に自分の好みであると言い切れるか、自問する。
・何を盛るか、数パターンを想像できるかどうか考える。
そしていちばん大切なのは、「必要に迫られて中途半端なものを買わないこと」です。完全に気に入ったと言い切れない場合は、買わないという選択をするか、または判断を保留するべきなのです。

我が家では6人前後で食事をすることが多いので、目の前にある器が間違いなく自分の好みで、人数分あったらよいだろうと思う場合は、6～8枚買います。ちょっと個性の強いものや、好みだけれど人数分買うには値段が高い、というときには、銘々皿ではなく、盛り皿として使うことを考えます。そしてテーブルのセンターに置いたところを想像し、何枚あれば様になるかを考えて、必要な枚数を購入します。

自分の料理の傾向も考えて、器を揃える

慣れてくると、「器自体は好みであっても盛りにくいだろう」とか、「手持ちの器に合わせにくいかもしれない」といった予想がつくこともありますが、買って初めて、微妙な色加減やフォルム、素材に違和感を覚えることもあります。その場合は、使うことを諦めるのではなく、なぜ使いにくいのかを考えてみてください。考えるうちに、その器には華奢な料理が合わないのであって豪快でインパクトのある料理は映える、ということが分かったり、素材の違う皿と重ねると引き立つことに気づいたり、何かしらの発見があります。

基本的には自分の「好き」を信じて買うのが正解だと思っています。私は応用範囲の広いものが好きなので、無地の器が多くなります。そして黒の漆器、表情のあるガラスの器、粉引き、輪花型、横長のものに惹かれます。「何を揃えればよいですか」という質問をよくいただきますが、ご自分の料理の傾向を考えて、例えばお酒に合うおつまみをちょこちょこ並べるのがお好きなら小皿や鉢を買う、大皿料理で豪快に盛り付けるのがお好みならアクセントになるような大鉢を探す、というところから始めるのもひとつの方法です。

それでも「おすすめの器が知りたい」という方のために、私が揃えた和食器の中で特に出番の多いものや、その使い方について、少し紹介させていただきます。

折敷を使ってみる

折敷（おしき）を使うと、テーブルは驚くほど変わります。

私は、黒の漆器の折敷を、艶あり／なし、縁あり／なし、丸、長角、正角といろいろ集めています。

折敷は、ランチョンマットの役割を果たしつつ、場合によっては皿としても使えます。

お盆ではありませんが、縁があれば、ちょっとしたものを運ぶこともできます。

まずは、ご自宅のテーブルの天板との相性を考えて折敷を選び、取り入れてみることをおすすめします。

折 敷 、 い ろ い ろ

丈夫で使いやすく、お値段も手頃な島安汎工芸製作所のもの。

私がケータリングビジネスをしていた頃も、ビュッフェに並べたり、立食パーティでサービスする際のトレー代わりにしたりと、あらゆる場面で活躍してくれました。ランチョンマットの代わりに折敷を使うと、料理の見栄えが格段によくなります。

艶のある折敷に、洋皿やガラス皿を組み合わせたおもてなしも素敵です。

•折敷三点とも／島安汎工芸製作所
PARTY DESIGN webでも取り扱い中

艶のある折敷では少し目立ちすぎる、もっと落ち着いたテーブルを作りたいという場合には、こちらを愛用しています。

•トレー楕円／BUNACO
•長角折敷／矢澤寛彰

折 敷 の 使 い 方

まずは、器をのせてみる

まずは折敷に手持ちの器をのせてみるところから始めます。何気ないひと皿が、折敷に置くことでおもてなしの一品になります。

• 六角皿／安齋新・厚子
• 箸置き／清課堂

ランチョンマット代わりに

矢澤寛彰さんの長角折敷を、ランチョンマット代わりに使った例です。
薄くて軽い折敷は、湿気で反ることもありますが、裏返して軽く重しをしておけば、元に戻ります。

お皿代わりに使う

縁なしの折敷は、直接食べ物をのせて盛り皿として使うこともできます。
おつまみをのせたり、葉蘭を敷いて市販のお寿司を盛っても素敵です。

重箱を使いこなす

「重箱は1年に1回、お正月にしか使わない」という話をよく聞きますが、我が家の重箱は頻繁に使うので、取り出しやすい場所にしまってあります。

いつもの料理やおつまみ、小さなお菓子も、重箱に詰めることで、"特別"な空気を纏い、おもてなしの一品に変身します。

箱に詰める楽しみ、そして蓋を開ける楽しみは、もしかすると日本ならではの食のしつらいかもしれません。

蓋付きなので持ち運びがしやすいという点でも重箱は優秀です。お弁当箱としておむすびを詰めて差し入れしても喜ばれるでしょう。

便利で特別感があり、楽しみがいっぱいの重箱を、年中使わない手はありません。ここでは、重箱の選び方と使い方をいくつかご紹介します。

＊和食器の大きさは、寸、尺という単位が使われます。寸は約3cm、尺は約30cmと覚えておくとよいでしょう。

重 箱 の 選 び 方

• 七寸二段重／木漆工とけし　渡慶次弘幸・愛

まずは"マルチ"に使えるものを

これから重箱を購入するという方には、いかにもお正月といっためでたい柄などが入っていない黒漆の、無地で、光沢もない四角い重箱をおすすめしています。七寸ほどの大きさの、無地、四角、マットの黒漆、この条件を満たしている重箱であれば、和洋どちらの場面でも、幅広く活躍してくれます。

さらに用途が広がる浅い重箱

通常の重箱は深さもあり、容積が大きいので、集まる人数が多く料理にボリュームがある場合は適していますが、一段一段が浅いものがあれば、少人数でも気軽に使えるのに……と思っていました。そして巡り合ったのが、矢澤寛彰さんの錫彩蓋付重ね皿でした。名前は重ね皿ですが、浅い重箱として、豆菓子やかりんとうを入れたり、薄く切った果物を詰めたりして愛用しています。

・錫彩蓋付重ね皿／矢澤寛彰

食べ物を入れるだけではなく、お箸や懐紙をレイアウトして、ビュッフェの片隅に置いておくのもアイデアです。

収納にも便利な入れ子のお重

12cm四方、高さ約10cmの台形ミニ入子二段重箱です。
上段に料理、下段にご飯などを入れておもてなしに使います。
使わないときには入れ子になり、コンパクトな設計です。

・台形ミニ入子二段重箱／島安汎工芸製作所　PARTY DESIGN webでも取り扱い中

重箱の使い方あれこれ

「重箱には、きちんと作った和食を詰めなければ」という考えは、まず忘れましょう。
お菓子も、かしこまった和菓子である必要はありません。
自由な発想で、重箱を使いこなしてみてください。

まずはオーソドックスに ご飯を詰めて

簡単なお寿司でも、重箱に詰めるとごちそう感がアップします。おもてなしや、お弁当にもおすすめです。

ワインのおつまみも 重箱に

オリーブやクラッカー等のワインのつまみを入れておくのもおすすめです。前もってセッティングをして蓋をしておけば、乾く心配もありません。重箱に合わせて取り皿には、古典柄の小皿を揃えるとよいかもしれません。

サラダボウルの 代わりに

サラダの盛皿として、洋のセッティングの中でも違和感なく使うことができます。箱型は、テーブルの上でよいアクセントになります。

地味な食べ物が
ちょっとおしゃれに

おせんべいのように、見た目が地味なものを格好よく見せるには、台形ミニ入子二段重箱が重宝します。お菓子以外にも、切り干し大根やひじきの煮物など、なんでもないお惣菜が、お重に入れるとなぜかモダンに見えます。

〆のセットを
お重に並べて

台形ミニ入子二段重箱3セットを一文字トレーに並べ、ご飯のお供を詰めてみました。飲んで食べた後、〆にこんなご飯セットをお出しするのはいかがでしょう。

・一文字トレー／島安汎工芸製作所
PARTY DESIGN webでも取り扱い中

詰め方のポイント

重箱は、もともと蒲鉾や伊達巻などを立てて入れられるように深めに作られているため、ばら寿司を作るときなどは、重箱の深さに合わせてご飯を詰めると具に対してご飯の量が多くなりがちです。上に飾る具とのバランスを重視して、

重箱の容積に対しては、若干少なめのご飯を詰めるのが、美しく盛るポイントです。
また、寿司などを詰める際は四隅まできっちり均等に詰めるときれいに見えます。四隅の詰め方が甘いと寿司がきちんとした四角に見えず見た目の完成度が下がってしまいます。

大皿を買ってみよう

パーティやおもてなしのときには、大皿が一枚あるとテーブルが引き締まります。
特にビュッフェテーブルでは、小ぶりのお皿だけでは散漫な印象になりがちです。
存在感のあるお皿を使うと視線を引きつけることができ、
テーブルの上でメリハリも生まれて、テーブル全体の印象が華やかになります。

大皿、どんなものを選べばよい？

収納に場所をとる大皿を買うのは勇気がいるかもしれませんが、まずは色や形が主張しすぎない、
少し地味に思えるくらいのものを選ぶとよいでしょう。
器選びの基本は、料理をよりおいしそうに見せてくれるものを選ぶこと。
手に取ったときにどっしりとした存在感が感じられ、
食べ物を引き立ててくれる器だと思えたら、それは間違いのない選択です。

余白を意識して盛り付ける

このような和の大皿はムール貝の酒蒸しや、骨付き肉のローストなど、洋の献立にも違和感なく使うことができます。余白を残して、皿の一部を見せるように盛り付けると大皿のよさが引き立ちます。

・大皿／小野哲平

「収納」に困ったら…

大皿や大鉢が欲しいけれど、収納に困る、という方は、思い切って「見せる」ことを考えてみてはいかがでしょうか。
私は、出し入れが面倒なので、大きな器はしまわずに、あるときは果物を飾り、あるときは枝物を活け、と、積極的に使っています。インテリアの一部として置き、使い方を考えるのもまた楽しいものです。

大皿がなくても大丈夫！ 料理を大きく見せるアイデア

気に入った大皿が見つかるまでは、何枚かの折敷やお皿をつなげて
大皿に見せる、という方法もあります。
また、同じお皿でも高低差をつけることで、印象がガラリと変わることも。
今あるお皿を生かして、いろいろ工夫してみてはいかがでしょうか。

折敷やお皿で大皿風に

縁なしの折敷をつなげてランナーや大皿のように使うこともできますし、同じサイズの皿を組み合わせてもよいでしょう。写真下は、丸皿（俎板皿）をアクリル台を使って高低をつけ、少し重ねるようにレイアウトしたもの。アペリティフやお茶の時間が楽しくなります。

- 正角折敷／島安汎工芸製作所 PARTY DESIGN webでも取り扱い中
- 四弁花小皿／横田勝郎
- 菓子切り／吉川和人

同じ大きさのお皿を並べる

同じ大きさの角皿を並べるという方法もあります。大皿がなくてもインパクトのあるテーブルを作ることができます。

- 角皿／ミヤチヤスヨ

豆皿の楽しみ

直径10cm以下の器を豆皿、豆鉢といいます。

豆皿の中でも私は、輪花や十字など形に特徴のあるものや、濃緑の織部焼き、飴色のものなどに惹かれます。

大きな器と違って気軽に買える豆皿は、目に留まったものを、一枚、二枚と集めています。我が家には、譲り受けた古いものや現代のもの、都内のセレクトショップで求めたものもあれば、旅先で偶然目にして持ち帰ったもの、さらに素材も、陶器、磁器、漆器とさまざまな豆皿がありますが、一つの篭や、折敷に収めてしまえば違和感なく使うことができます。

豆鉢ではありませんが、ここにはガラスの酒器も混ざっています。

陶器の酒器は、料理の香りが移ることもあるので兼用はしませんが、ガラスの酒器はその心配もなく、豆皿としての出番も多くなります。

豆皿使いの達人になろう

小さなサイズの豆皿は、例えば春なら、蕗味噌などを入れて突き出し風に出したり、あるいは抹茶塩をのせて天ぷらに添えたりと、さまざまに使えます。皿としてではなく、このように箸置きとして使うこともあります。

•豆皿／安田奈緒子

個 性 的 な 豆 皿 は 、 折 敷 で ま と め る

豆皿、豆鉢は、異素材や総柄のものを集めても、折敷の上にのせるときれいにまとまります。
同じ形のものだけを集めると面白みに欠けるので、丸に、角や楕円など、形の違うものを組むとにぎやか。
折敷マジックで、どんな取り合わせでも不思議としっくりなじむのです。

おつまみを並べて

何種類かのつまみは盛り合わせにすることもできるのですが、それぞれに合わせる豆皿を考えて選ぶひと手間も楽しいものです。磁器、陶器、ガラス、漆器など素材もいろいろ。盛り付けが難しい総柄の器も豆皿なら取り入れやすく、よいアクセントになります。昨日の煮物の残りを盛ったり、トマトや豆腐を並べたりするだけでも立派な前菜になります。差しつ差されつの女同士の夕食や、一人飲みにおすすめのスタイルです。

- （奥）角皿／平岡仁
- （手前）木瓜皿／三浦ナオコ
- ガラス小鉢／ Sghr スガハラショップ青山

小さなお菓子に
遊び心を

栗の生菓子と薯蕷饅頭を豆皿にのせ、稲穂や紅葉をかたどった落雁を散らした、秋模様の折敷です。生菓子と干菓子は別々に盛るのが普通ですが、こうして一緒に盛り込んでも、豆皿がよいアクセントになって違和感はありません。

- 変形豆皿／飯田彩

変形皿で遊ぶ

西洋の器に比べて、和食器にはさまざまな形があるという事実はひとつの特徴のように言われており、八角、瓢箪形、木の葉形や、動物をかたどったもの、富士山形まで、本当にありとあらゆる形のものを見かけます。変形皿は、効果的に使うことができれば、テーブルの上でアクセントになりますが、あくまでも質のよいものを選ぶことが大事です。変形皿の中で、まずおすすめしたいのは、テーブルにおさまりのいい長角皿です。また、少し深さがある片口や小鉢も愛用しています。

素材もさまざまな長角皿

使う頻度が高い長角皿は、木製、陶器、漆器と、素材違いでいくつか揃えています。テーブルセンターに並べて一枚でさまになるものもありますが、長さや質感によっては、二、三枚あったほうが使いやすい場合もあります。

左から
- ロングトレー／島安汎工芸製作所 *PARTY DESIGN webでも取り扱い中
- 一文字トレー L ／島安汎工芸製作所 *同上
- 粉引長皿／島るり子
- 陶器長皿／鈴木工友
- 漆器盃台／杉田明彦
- 木製長皿／KINTA STUDIO

輪花皿や多角形の皿

多角形の皿には、漬物を盛ったり、熊本象さんの輪花皿や水野克俊さんの六角皿は取り皿として愛用しています。

左上段から右へ
- 六角皿／宮内太志
- 輪花皿／熊本象
- 四弁花小皿／横田勝郎
- 木瓜皿／三浦ナオコ
- 白輪花椀／宮田竜司
- 六角皿（左下）／安齋新・厚子
- 六角皿／水野克俊

好 み を 見 つ け て 少 し ず つ 集 め る

テーブルの上に置くものは、小さなものでも、自分の好みを反映させることが大事です。
和食器には、箸置き、薬味入れ、茶碗蒸しを食べるスプーンやしょうゆ差しなど、
小さなものも多いので徐々に揃えていくとよいと思います。
見た目も大事ですが、カトラリー類や酒器など口に触れるものは、口あたりも考えて選びたいものです。
ご自分の好みが分かってきたら、好きな形を集めてみるのもまた、面白いかもしれませんね。

自然の形を模した小皿

河原の石を拾って型取りをしたという変形豆
皿。若手の作家、飯田彩さんのものです。あ
りきたりではない自然のフォルムが楽しくて、
薬味皿や箸置きとして愛用しています。

・変形豆皿／飯田彩

片口と猪口、小鉢

たっぷりした粉引きの片口は、お茶を
淹れる際の湯冷ましとして愛用してい
ます。もちろん日本酒を入れることも
ありますが、陶器は香りが残ることが
あるので、麺つゆなど香りが強いもの
は入れないようにしています。

・（奥）粉引き片口／島るり子
・（右中）エッグボウル／中里花子

個性のある器は、
大きさ違いで揃える

片口が好きでいろいろ持って
いますが、少し個性のある柄
ものなどはほかと合わせるの
が難しいこともあるので、大き
さ違いなどのセットで持ってお
くと食卓に置いたときにおさ
まりがいいように思います。

・片口／諸星みどり

お茶セットを作ってみる

折敷と豆皿が揃ったら、次に考えるのは茶器類です。

器の中でお茶セットは、普段の生活でもおもてなしの場面でも、一番出番の多いものかもしれません。

だからこそ、目にするたびに嬉しくなるお気に入りを揃えましょう。

常時揃えているのは、煎茶、番茶、中国茶、紅茶、ハーブティーの5種類ほどです。ゲストのお好みや、お菓子に合わせてお茶を選びます。お茶一杯でお帰りになる方もいらっしゃるので、心を込めて、おいしいお茶を淹れたいと思っています。昼食の時間にかかりそうな場合や、遠方から来てくださった方には、甘いお菓子ではなく、少しお腹にたまるものを、お茶に添えてお出ししています。時間があるときには、季節のご飯を炊いて、そうでないときは、市販の細巻きや、鯖や穴子の押し寿司が定番です。

一人分の折敷でおもてなし

一杯のお茶と、ささやかなお茶請けを折敷にのせて一人ずつにお出しするこのスタイルは、うちの定番です。季節の一枝を添えることも、ちょっとしたおもてなしになると考えています。煎茶には、色がはっきり確認できる白磁の茶碗と決めています。
●白磁カップ／LIVING MOTIF　●茶托代わりに使った小皿／BUNACO　●角皿／平岡仁

たまには抹茶で

季節の生菓子には、お薄をお出しするのも喜ばれます。正式な抹茶椀ではないのですが、茶筅が振りやすく、お茶がおいしそうにみえる村上躍さんの器は、その佇まいも美しいので、しまい込まずに、普段から目に入るところに置いています。

「お茶くらべ」で遊ぶ

何人かのゲストをお呼びするなら、いろいろな種類のお茶を飲み比べるのも楽しいもの。茶葉を並べて、姿や香りの違いを確認してから味わうと、会話も盛り上がります。お茶好きが集まるなら、それぞれ好みの茶葉を持ち寄るのもいいですね。

・十字豆皿／亀田文

夏は冷茶でおもてなし

華奢で取り扱いに注意を要するガラスの急須は贅沢品ですが、お茶の色を綺麗に見せて、テーブルを華やかにしてくれます。ガラス製ですと急須自体にお茶の香りがついてしまう、といった心配もありません。茶葉が開く様子もよく見えるので、中国の工芸茶といったようなものにも適しています。アンティークのブランデーグラスに冷茶を注ぎ、ちょっとした特別感を楽しんでいます。

茶器いろいろ

魅力的な急須は世の中に沢山あり目移りしますが、持ち手の部分がかなりかさばりますし、慎重に検討した上で購入しています。まず、どんなに見た目が気に入っても、手になじまなかったり、水切れが悪いものは困ります。手にとって感触を確かめるのはもちろんですが、購入前に水切れを試せる場合もあるので、お店の方に相談してみてください。

湯呑みですが、こちらもこだわりがあります。直接口をつけるものですから、厚さ、薄さ、口当たりといった点をまずチェックする必要があります。見た目で判断が難しいようでしたら、一つ購入して様子をみるといった方法もあります。もう一点こだわるのは、色です。黒い器は好みですが、湯呑みに関してはお茶の色がある程度分かるような明るい色目のものがよさそうに思います。濃い色の茶碗では何を飲んでいるか分かりにくく、味にまで影響を及ぼすような気がするのです。

左から
• 白磁急須／ TIME&STYLE
• ガラスの急須／エス オンラインショップ
• 黒急須／原田七重

冷茶用ボトル

季節に関係なく、冷茶を用意することが多いですが、なかなかデザインの気に入るものがなくて困っていました。

伊藤園×HARIOコラボのこの冷茶用ボトルは、テーブルに置いても気にならない見た目に加え、ボトルの中にフィルターがセットされているなど機能性も優れています。数本揃えて、煎茶、番茶、ジャスミンティーとタグをつけて水出し茶を楽しんでいます。
• コールドブリューボトル／ TEA SHOP ITOEN

和食器のルール：「正面」を知る

和食器には、置き方のルールがあります。
最初に知っておくべきことは、器には正面があるということです。
お客様側に正面を向けてお出しします。
例えば、お茶席では、お茶をいただく前に茶碗を回しますが、
これは器の正面を避けて口をつけるという意味です。
絵柄が多い側が茶碗の正面となります。絵柄が無く、無地に近い陶器の茶碗は、
景色といわれる焼きむらなど、地に変化があればそこを正面として扱います。

（上）茶碗だけでなく、平皿にも正面
があり、絵柄や形で判断しますが、どこ
が正面か分からないときは、裏の銘を
見て正面を確認します。

（下）綴じ目のある盆は、「丸前、角向
こう」といって、丸盆は綴じ目を手前に、
角盆は綴じ目を向こうにして置きます。
木目のあるものは、木目の流れを横に
して置きます。

（上）片口の口は左に向けます。

（下）懐紙は輪になっている側を手前
に置きます。

※これ以外にも、器の形によって、置く
方向が決まっているものはたくさんあ
ります。諸説あり、判断が難しい場合
もありますが、この器の正面はどこな
のかを常に意識する癖はつけておきた
いものです。

和食を支える道具

水にさらす、しもをふる、アクをとる、絞る、あおぐ……。
料理は下ごしらえのひと手間をかけることで、完成度が大きく変わります。
また、切り方やおろし方によって素材の旨みが引き出されたり、損なわれたりします。
素材をよく観察して、技術を磨くことは大事ですが、
本物の道具を使うことも料理上手になる近道だと思います。
料理の作業を効率化してくれる、和食ならではの道具をご紹介します。

1. 物相型

ご飯を抜く型です。ご飯茶碗が揃わないときに、物相型を持っていると、平皿に盛ることができます。さまざまな型がありますが、私は少し小ぶりのものを愛用しています。

2. 盆ざる

さらしを広げてだしを漉したり、茹でた野菜をのせたり、揚げ物の油ぎりに使ったりします。竹の素材のものもありますが、ステンレス製は、丈夫で手入れも簡単です。

• ステンリング付ざる／池商

3. おろし金

表裏で、粗い目と細かい目の使い分けができます。刃物専門店で購入したものは、使っていくうちに目がすり減っても目立て直しの依頼もでき、長い目で見るとお値打ちだと思います。

• 銅製おろし金／木屋

4. 骨抜き

魚をおろすときに小骨を抜く道具です。手になじみがよく、しっかりした作りのものを買うことをおすすめします。

• 骨抜き 西型／木屋

5. さらし

だしをとるときに鰹節を漉したり、水にくぐらせてよく絞ったものを酢飯にかけて乾燥を防いだり、また漆器を洗うのに使ったりと、万能です。

• さらし（吉田晒10ｍ）／池商

6. すりこぎ、すり鉢

すりこぎとすり鉢は、いくつか大きさの違うものを持っています。少量の胡麻を炒ってするときなどには、この小ぶりのすり鉢が便利です。

7. 俵型枠

俵型にむすんだ白むすびの上には、金箔をのせたり、桜の塩漬けを飾ったりして楽しんでいます。物相型と同様に、ご飯を型で抜くことで、少しおもてなし風になります。

• 俵型枠／木屋

8. プロおろし

ステンレス製の粗目のおろし器は、楽に大量の大根をおろすことができて、時間短縮したいときに大助かりです。

• 業務用プロおろし／和田商店

9. 巻きす

卵焼きの形を整えたり、海苔巻きを作ったりするときに使います。小さいものは、茹でた蕎麦の下に敷いて、水きりにも使えます。

10. 盛り付け箸

先が細いこの箸を使うと、繊細な盛り付けができます。左の白竹盛り付け箸の手元部分は、ヘラとして使えます。木の箸は、使用後、水気をふきとり、立てずに横に寝かせて乾かすと反ったりせず長く使えるそうです。

• 盛り付け箸（ともに）／市原平兵衛商店

11. 出刃包丁と刺身包丁

和包丁は、用途によって使い分けます。鋼の包丁は錆びやすく、こまめな手入れが必要です。最初は面倒に思いましたが、自分で研いで使ううちに、本物の道具の持つよさを理解できるようになってきました。

12. スライサー

野菜の薄切りは、包丁で切るのが基本ですが、それでも急ぐときや量が多い場合には、性能のよいスライサーが頼りです。厚さが調整できるものが便利です。

• スライサー／京セラ

限られた時間の中で
食卓を作るテクニック

「時間と労力を最小限に、魅せるテーブルを作る」
これは、私のセミナーで掲げているモットーです。いくらでも時間があれば、
数日キッチンにこもって料理をし、凝ったテーブルセッティングを作るのも可能でしょうが、
現実では、ホームパーティにそこまでの労力や体力を注ぐわけにはいきません。
限られた時間で準備を進めなければなりませんし、やるからには、
ゲストに喜んでもらえるような集まりにしたいと思います。
そのために私が工夫していること、こだわり、気に留めていることを紹介します。

準 備 と 段 取 り

料理の段取りは大事です。当日のメニューが決まったら、
①前日までに済ませておくこと、②当日の朝にすること、③パーティが始まってからやる作業、
と三段階に分けた細かい工程表を作ります。作業を始める前に、
材料がすべて揃っているかの確認も重要です。野菜や肉の煮物など、
火を止めてからゆっくり素材に味が入っていくものは、当然前日に作りますが、
こまごまとした準備を含め、お客様迎えに慣れるまでは、
できる限り前日に準備を済ませておくと気が楽です。

1.時間がなければ薬味は切っておく

葱の小口切り、生姜の千切り、白髪葱等、神経を遣う包丁仕事は案外時間のかかるものです。本来こうしたものは、使う直前に準備するのがよいのですが、パーティ当日に準備の時間がなければ、前日に切って用意しておきます。切ったものは、濡らして絞ったキッチンペーパーで包み、タッパーに入れて、冷蔵庫で保管します。当日は、水に放してから使います。

2.調味料を用意する

合わせ酢やたれは前日に合わせておきます。

3.刺身用の魚の買い方

刺身用の魚は、当日買うのが一番ですが、買いに行けない場合もあります。刺身の盛り合わせとして売っているものは、賞味期限が当日ですが、サクで売っている刺身用の魚は、たいてい賞味期限が翌日になっているので、前日に購入して当日使うことができます。購入したサクはパックのトレーから取り出し、キッチンペーパーで包んで、さらにラップでぴったり包み、冷蔵庫で保管します。

4.薬味の用意

柚子やかぼすなど柑橘類は汁を搾っておきます。余った果汁はジッパー付きの保存袋に入れ、平らにして冷凍しておくと、必要な分だけ割って使えるため便利です。
山葵は使う分だけおろします。2〜3日で使い切るときは冷蔵保存でも問題ありませんが、そうでない場合は残りもすべておろして、ジッパー付きの保存袋に入れ、平らにして冷凍します。

5.材料は一か所にまとめる

「最後に入れるタレは作業台の上に、飾りに使う葉は野菜室に」などと分散すると忘れてしまいがち。ひとつの料理に必要な食材は、一か所にまとめて冷蔵庫に保管しておきます。

6.食器類は揃えておく

小皿や取り箸、グラスなど、当日使うものは、細かいものまできちんと揃えておきます。

おいしく美しく見せるテクニック

時間をかけて作った料理を、さらにおいしそうに見せるために、
器を選び、盛り付けをするわけですが、盛り付けは
一度や二度やってみただけで上手にできるものではありません。
盛り付けは、数をこなすうちに少しずつ上手になるものですが、
地道な練習以外にも、取り入れやすく効果の大きい方法もあることに気づきました。
そのポイントは4つ。

1.食材を味方につける

第一に、よい素材を選ぶことです。

鮮度の悪いものではおいしい料理を作るのも、美しい盛り付けをするのも難しいので、まずは真剣に素材を吟味して買い物をすることが重要です。そして、料理の格を上げてくれる素材も積極的に取り入れてみましょう。たとえば生麩、白木耳、山菜、瓜、豆、鮎や白魚などは、一見扱いが難しそうに見えますが、実は入手しやすく、下処理も比較的簡単。それでいて、料理に季節感と彩りを与えてくれます。

買うだけで格上げできる、優れものもあります。例えば、糸のように削った鰹節。「糸賀喜（いとがき）」という名前で売られていますが、焼いた万願寺唐辛子にだしじょうゆといった単純なひと皿であっても普通の鰹節のパックを使わず、糸賀喜を天にふわっと盛り、底にしょうゆを張るだけで、立派なおもてなし料理になります。

食材を味方につければ、料理の腕は格段に上がります。食材選びは料理の第一歩なのです。

2.「映える」料理法を取り入れる

ふたつ目は、見栄えのする料理法を取り入れることです。

例えば、きらりと光るゼリーや寒天を使ったものや餡をかけた料理は、コツさえつかめば簡単です。焼き茄子に、ゼリー状に固めただしを砕いてみてください。ただのだしじょうゆをかけるよりもずっ

と美しく、手間がかかったごちそうに見えます。
少しのアイデアで、料理の見栄えはぐっとよくなり
ます。外食するときは、そんなことにも気をつけ
てみてください。

3.第一印象でインパクトを

三つ目は、最初に目に入るあしらいや天盛りに気
を遣うことです。例えば、煮物の天に飾る黄柚子
なら、できる限り華奢に美しく切ります。
また、寿司に山椒の葉をあしらうなら、一番形が
整って美しい葉を選び、はらりと木の枝から落ち
てきたようにのせます。
料理も人間と同じ、第一印象が肝心。一目で惹
きつける工夫をしてみましょう。

4.理想の形を思い描く

四つ目はイメージトレーニングです。
完成形のイメージを持ってから盛り付けに取り
掛かることです。料理屋さんの刺身の盛り合わ
せや、煮物の鉢を思い出すのもよいですし、料理
本の盛り付けを参考にするのもよい方法です。こ
んな風にしたいという具体的な絵を思い浮かべ
ながら取り掛かると、迷いなく盛り付けられるこ
とでしょう。

基本の調味料選び

ホームパーティの料理は、無理してすべて手作りする必要はなく、
市販品や半調理品を利用して賢くメニューを考えるのがよいと思います。
作り慣れている家の味のものや、市販品でおいしいと思えるものがないもの、また、炊き立てのご飯、
熱々の汁、揚げたての天ぷらなど、こういった"買えないもの"こそ手作りする価値があります。
あまり凝った料理はしないからこそ、やはり基本の調味料選びは大事です。
飽きずにずっと使えるかが選ぶ基準となっています。

1.日高昆布
だしをとるのは日高昆布と決めています。だし
をとった後の昆布は冷凍でとっておき、量がまと
まったら、しょうゆとみりんと粒山椒で煮て佃煮
にします。

2.味噌
お味噌汁や味噌漬けにいつも使っています。そ
のまま野菜につけて食べてもおいしいです。
・無添加丸しぼり赤みそ／越後一味噌

3.お米
炊き立てはもちろんですが、お米のおいしさは、
冷めたご飯の味にこそ出るものです。毎日、大事
にいただいている、山形県産こしひかり米です。
・あいがも農法米／名川精米店

4.鰹節
血合いのない部分をおおきく掻いた削り節です。
だしは、日高昆布とこの削り節でとっています。
・だしはこれ　花かつお／タイコウ

5.葛粉
本物の葛粉ならではの透明度と食感は、何にも
代え難いです。葛切りにして楽しむのはもちろん、
汁のとろみをつけるのに使っています。
・吉野本葛／森野吉野葛本舗

6.粉辛子
粉辛子のおいしさを知ってからは、練り辛子は
使わなくなりました。必要な分だけ水で溶く、と
いうひと手間も慣れれば楽しいものです。
・粉からし／エスビー食品

おもてなしに活躍する箸や小物

箸は、用途や季節によって使い分けすると、丁寧なおもてなしになります。普段は、大黒屋さんの八角箸を愛用していますが、京都の嵐山で求めた先削り箸は蕎麦を食べるときに重宝しています。セッティングによっては、黒い箸では重く感じられる場合もあり、そんなときは、両端がすぼまっている本赤柾杉利休箸をよく使います。串類もさまざま揃えておくと、盛り付けが無難で物足りなく感じるときに、立体感を出すことができます。

右、下から市原平兵衛商店の竹菜箸（33cm）、市原平兵衛商店の白竹盛り付け箸（28cm）、ひょうたんやの黒文字（24.4cm）、箸勝本店の本赤柾杉利久箸（26cm）、黒箸（25cm）、大黒屋の八角箸（23.5cm）、いしかわ竹乃店の先削り細箸（23cm）、いしかわ竹乃店の手削り細箸（23cm）、市原平兵衛商店の煎茶箸（18.7cm）、黒文字（15.3cm）、水牛スプーン（19.8cm）、瀬戸国勝作朱塗りのスプーン（14.3cm）、いしかわ竹乃店の匙（10.3cm）、てふの水牛角スプーン（7.3cm）
左、下から松葉串（5cm）、ぎんなん串（12cm）、のし串（9cm）、清課堂のひょうたん形の箸置き

季節のあしらい

金蓮葉（夏）

青紅葉〔夏〕

紫蘇パープル（夏）

無花果の葉
（夏〜秋）

山椒（春）

柚子の葉（冬）

枇杷の葉（夏）

蓮の葉（夏）

胡瓜の花（夏）

デパートやネットでは、季節に関係なく、夏に南天の葉や椿の葉を売っていることもありますが、正式な日本料理では、南天は冬のあしらい、つわぶきは春のもの、と使う季節が決まっています。ここには、日本料理では馴染みの薄い葉も混じっていますが、目安となる季節を書きました（使う時期は前後することもあり、これが正式であるということではありません）。この本の中では、決まり事にかかわらず、ただの青味としてあしらいを使っている場面もありますが、きちんとしたお席では、それでは通用しないことも知っておいた方がよいでしょう。

和食のテーブルには、季節感が欠かせません。

季節の取り入れ方については、料理、行事、花、器、と勉強することはたくさんありますが、まずは「あしらいと皆敷（かいしき）」について知っておくとよいと思います。

あしらいも皆敷も料理の添え物ですが、料理に添えるように、横や正面、天に盛るものを「あしらい」といい、「皆敷」は、料理の下に敷く葉ものなどを指します。

赤飯に南天の葉、水羊羹に桜の葉といったように、定番の組み合わせはありますが、例えば、刺身のあしらいは紫蘇の葉に大根の千切りと決めつけず、春には独活（うど）、夏には茗荷（みょうが）をつまにすると季節感を感じられるひと皿になります。きゅうりの花や金蓮葉（ナスタチウムの葉）をあしらいに使うのも可愛らしくて気に入っています。季節に合ったあしらいや皆敷を探すのも、盛り付けの楽しみです。

ただし、あしらいに使う葉や枝、花に、毒性が無いことは必ず確かめてください。菓子に合わせて紫陽花の葉を使っているのを見たことがありますが、紫陽花の葉には毒性があります。触れたくらいでは問題は無くても、食べて中毒症状が出た症例はたくさんあるようです。誰も下に敷いてある葉は食べないだろう、という考え方では事故を招きかねません。

さらに、ご存じかと思いますが、観賞用の花や葉は、防虫剤がたっぷり噴霧されており、料理には使えませんので注意してください。

可能であれば、使用頻度の高い葉や枝は、苗を購入して育てるのが一番です。はらんやつわぶき等は、市場でも規格サイズのものを買うことはできますが、自分で育てていれば、少し小ぶりのものや大きなものも手に入るので便利です。

つわぶき（春）

南天（冬）

はらん（通年）

紅葉（秋）

千両（冬）

椿の葉（冬）

稲穂（秋）

菊の葉（秋）

松葉（冬）

ひば（冬）

柿の葉（秋）

いちょう（秋）

季節の前菜、八寸を作る

会席膳などで、先付けの後に出す前菜を「八寸」と呼びます。
季節感のある小さな料理の取り合わせが、目を楽しませてくれます。
ここでは、あしらいや皆敷を使って作る、季節の八寸をご紹介します。

春 の 八 寸 ［祝 い］

お誕生日やお祝い事の際に、こんな前菜はいかがでしょうか。
南天の若葉に赤飯をのせ、刺身のあしらいは紫キャベツのスプラウトとせりを、
甘酢ジュレがけの菜の花と帆立には紫蘇の花を散らします。

料理：
赤飯俵結び
菜の花と帆立の
甘酢ジュレがけ
海老のつや煮と空豆
鯛の昆布締め

夏 の 八 寸 　 [ハ ッ ピ ー ア ワ ー]

蟹サラダを詰めたトマトファルシは、小さな蓮の葉を器代わりにして、
涼しげな演出を。夏の夕方は、季節の野菜と小さな揚げ物でゆるりと始めましょう。
春巻きは海老と豚肉の餡入りに海苔を巻いて揚げました。

料理：
和風トマトのファルシ
ひと口春巻き
アスパラガスの
味噌和え

秋 の 八 寸　[秋 色 あ つ め]

菊花蕪には菊の葉を添え、鮭の焼き浸しを照葉（柿の葉）に
のせています。紅白のさつまいもチップスや銀杏やマスカット、
茹で栗を吹き寄せ風に置きます。

料理：
柿の葉寿司
菊花蕪
銀杏
マスカット
茹で栗
鮭の焼き浸し
しめじ
酢菊
さつまいもチップス

冬 の 八 寸　[謹 賀 新 年]

松葉で黒豆を留め、椿の葉にきんとんをのせ、
ミニ柚子には紅白なますを入れました。
元旦の家族の集まりに、あるいはお正月のおもてなしに、新年を祝う八寸です。

料理：
黒豆
田作り
数の子に糸賀喜
ミニ昆布巻
くわいチップス
紅白なます
きんとん

盛り付けを助けてくれる和紙

懐紙、天ぷら紙、透かし紙、水引

あると便利な小物のひとつに、紙類があります。器の上に敷く和紙は、揚げ物の油分を切るという用途だけでなく、器が強い色だったり、柄ものだったりする場合に料理との間に紙をはさむことで、器の印象を和らげる効果もあります。

もちろん食事の場では、ペーパーナプキン代わりとして懐紙を折敷に添えることもありますし、お菓子をいただくときの受け皿として使うこともあります。古典柄や植物モチーフの懐紙なら季節感を出すこともできますし、透かし紙であれば、涼しさの演出にもなります。

上段左から
・漉入れ懐紙竹籠／辻徳 ・秋の懐紙／中川政七商店 ・鳥獣戯画懐紙／中川政七商店
下段左
・クリア懐敷網／遊-ZEN（上） ・writing paper45／mino（下）
下段中
・美濃和紙懐紙青海波／古川紙工（上） ・漉入れ懐紙石庭／辻徳（下）
下段右
・秋の懐紙／中川政七商店 ・天ぷら懐紙雲龍 ・紅白水引

Chapter 2

四季折々の
食卓演出

TABLES OF DIFFERENT SEASONS

和のパーティを成功させる7つ

パーティを、しかも「和」のエッセンスを取り込んだパーティを成功させるために、
心がけておきたい7つのポイントをご紹介します。

1 テーマを決める

Buffet ビュッフェスタイル
Seated 着席スタイル

和食のおもてなしはハードルが高いと感じてしまう方には、テーマを設けることをおすすめします。テーマは季節の行事だけでなく「新米を食べる会」といったようにメインの食材を決めてもよいですし、「沖縄ナイト」など場所をテーマにすることもできます。また、テーマに応じて、「ビュッフェ」「着席」など、スタイルを決めておくのも大切です。

2 自然の色を意識する

和食のパーティでは、原色ではなく自然の中にある色を意識してクロスや器を選ぶようにしています。自然の色で揃えたテーブルウェアは、料理を引き立たせてくれます。窓から見える空の色や、木々の緑とも調和した、居心地のよい食空間を作りましょう。

3 季節を取り入れる

料理に季節の食材を使うだけでなく、器やセッティングにも季節感を意識したいものです。寒い時季には、テーブル全体を暖かい色で整える、暑い日には、器を薄手のものにして、塗りの箸を涼しげな杉箸に変えるといったことでも、季節を取り入れることができます。

のポイント

4 テーブルウェアの素材を絞る

テーブルを作るときには、色を考えると同時に、テーブルウェアの素材についても考える必要があります。和食器には、陶器、磁器、ガラス、木、紙、錫、鉄といろいろな素材がありますが、種類を絞って使うことで、まとまりのあるテーブルを作ることができます。

5 自分も楽しめる工夫をする

一人ひとりへのおもてなしが和食の基本ですが、ホームパーティで、料亭のように一皿一皿サービスをする必要はありません。自分も楽しめるよう、席を立つ回数は最小限にする工夫をしましょう。ビュッフェスタイルはサービスも楽ですし、インパクトのあるテーブルを作りやすいという利点もあります。

6 手作りにこだわらない

すべてを手作りするのが最高のおもてなしとは限りません。近所のお惣菜屋さんの煮物や、有名店のだし巻き卵、お稲荷さんなど、気に入っているものがあれば、メニューに取り入れましょう。おいしい市販のものを出せば、話題の提供にもなりますし、準備が楽になれば、余裕を持ってお客様をお迎えすることができます。

7 遊びの要素を加える

種類の違うお皿やぐい呑みを用意して好きなものを選んでもらう、豆皿だけでテーブルを埋め尽くす、バーコーナーを設けてカクテルを作れるようにする、箸を留める巻紙に季節を表す言葉をプリントするなど、ちょっとしたアイデアが、パーティを楽しいものにします。

WAITING FOR SPRING

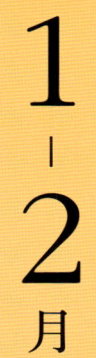

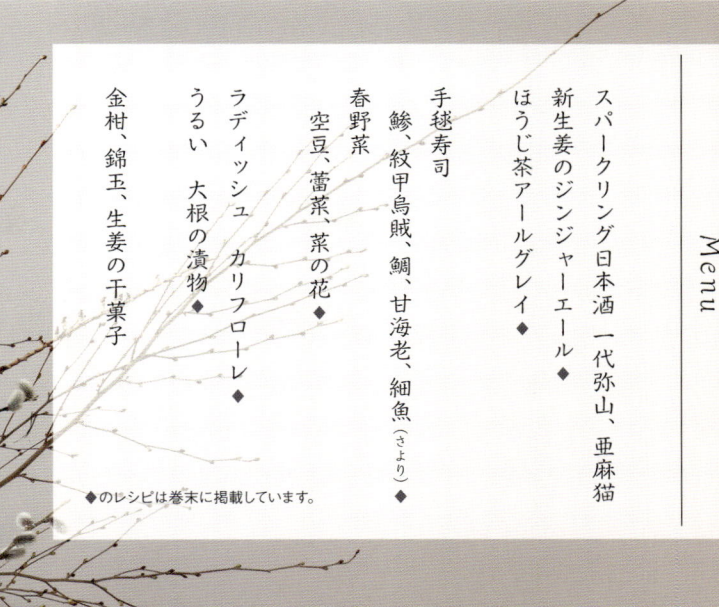

◆のレシピは巻末に掲載しています。

Menu

スパークリング日本酒 一代弥山、亜麻猫

新生姜のジンジャーエール ◆

ほうじ茶アールグレイ ◆

手毬寿司

鯵、紋甲烏賊、鯛、甘海老、細魚(さより) ◆

春野菜

空豆、蕾菜、菜の花 ◆

ラディッシュ カリフローレ

うるい 大根の漬物 ◆

金柑、錦玉、生姜の干菓子

春を待つテーブル

暖かくなるのはまだまだ先ですが、びっしりと芽をつけた木の枝や
土から微かに頭をのぞかせる植物に、小さな変化を見つけることができます。
春の訪れが待ち遠しい、そんな時季の、春を待つテーブルです。

Buffet

ビュッフェテーブルは、色のトーンで一体感を出す

テーブルを壁に寄せ、この季節に美しい、青文字、きばでまり、赤芽柳の枝を大胆に活けてみました。オリジナルで作ったアクリル製のトレーは、食べ物の色を綺麗に浮き立たせてくれます。その上に、瑞々しい初もの野菜やひと口寿司を並べます。メニューの種類は多くありませんが、刺身の盛り合わせを利用して作った手毬寿司が華やかです。ちょっとした午後の集まりには、軽めのビュッフェもよいものです。

ビュッフェテーブルを作るポイントは、色。テーブルの上で大きな面積を占める器とクロスは全

体のイメージを左右するものたので、その色をよく考える必要があります。和食の場合、テーブルの色は自然の色を意識するとうまくまとまるので、テーブルクロスは、白、黒、グレー、ベージュ、藍などのベーシックカラーを使い、テーブルウェアもできる限り色を絞るように心がけています。ビュッフェテーブルはすべての料理が一度に並ぶので、食材の色も大切。やわらかいパステルカラーのテーブルを作ろうとテーブルウェアを準備しても、そこに黒や茶色の料理ばかりが並んでいたら、印象は変わってしまいます。クロス、器、カトラリー、ドリンク、食材、すべての色とイメージを統一させて初めて、魅力的なテーブルを作ることができます。

和食と飲み物

好みの分かっている仲間が集まるのであれば、今日はビールで、又はワインで、と決めてもよいのですが、そうでないときは、ゲストが選べるように何種類かのドリンクを揃えておきましょう。特に、食べ物の種類が多くないときは、ドリンクのバリエーションを豊富にすることでテーブルが賑やかになります。チョイスに迷ったらプロに相談するのもひとつの方法。この章で使ったスパークリング日本酒やロゼワインは、レゾンデートル・ジャパンのソムリエ山崎雅之さんに相談させていただきました。

P.44〜49
・ガラス花器／LSA ・トールグラス／IKEA ・アクリルトレー各種／オリジナル制作品 PARTY DESIGN webでも取り扱い中 ・ウィスキーグラス（漬物や塩を入れたもの）／木村硝子 ・水牛角ミニスプーン／てふ ・アクリル板（メニューカードの上にのせたもの）／オリジナル制作品 PARTY DESIGN webでも取り扱い中 ・テーブルクロス／カデーレン

ノンアルコール
ドリンクの楽しみ

一般的に、和食には日本酒やビール、お茶を合わせますが、ここでは甘さを抑えたホームメイドのジンジャーエールやアールグレイの香りのついた冷茶を用意することで、意外性と遊び心を加えました。お酒ばかりではなく、ソフトドリンクにもひと工夫すると、お酒が飲める方にも苦手な方にも楽しんでいただくことができます。

透明感や色を最大限に引き出す

早春がテーマなので、ベージュや白などの明るい色のクロスを
使おうかとも思ったのですが、ダークグレーのクロスにアクリルトレーを
のせたほうが料理の透明感や色を上手く引き出せるような気がしました。
冷たい空気の中に漂う微かな春の訪れを集めて、お客様をお迎えします。

品名を記した紙の上にアクリルをのせてネームプレートのように使います。「これは何?」と、会話がここから始まることも。

手毬寿司と空豆だけでは単調になるので、うるいとカリフローレのブーケで変化をつけています。

箸休めのお漬物はあえてシンプルに、大根の白一色にして、上に濃い赤紫のアマランサスを飾りました。小ぶりのウイスキーグラスが透明感を加えてくれます。

刺身を使った手鞠寿司は手軽でよいのですが、どうしても色が単調になりがちです。そんなときは、茹でた菜花の蕾で濃い緑を、柚子の皮でオレンジを、という風にトッピングで表情を変えていきます。

WAITING FOR SPRING

瑞々しさを加えたくて、断面を見せた金柑も並べてみました。
•錦玉・生姜の落雁／HIGASHIYA

お弁当仕立て

外でのお花見が叶えば最高ですが、
天気が安定せず、花冷えすることも多いこの時季に、
ソメイヨシノをテーブル脇に活け、
籠に収めたお弁当で室内での花見パーティも楽しそうです。

LUNCHBOX PARTY

3–4月

メニュー（献立）の考え方〜着席の場合

和食のメニューを考えるときは、前菜、刺身、煮物、焼き物、揚げ物、ご飯、漬物、汁、最後に菓子とお茶、といった基本の流れをふまえつつ、味や食感、料理法に変化をつけながら、旬の素材を盛り込んで季節を感じられるメニューになるように心がけています。野菜、魚、果物、菓子だけでなく、ご飯や漬物にも季節を取り込んだ献立は格別なおもてなしになります。

ホームパーティのメニューを考えるときに、もう一つ大事なポイントは、スムーズに料理を出すことができるか、という点です。頑張りすぎのメニューで段取りが悪ければ、食事や会話を楽しむどころか、パーティ中、料理に追われてしまうことになります。今回は、篭に収めた前菜6品と、重箱に詰めた寿司を最初からテーブルの上にセットしておき、途中で天ぷらを、そして最後に汁を温めてお出ししています。極力キッチンに立つ回数を減らし、当日は自分も楽しめるメニュー構成を考えることも大事です。

篭の中には豆皿に盛った料理を。開けたときのゲストの喜ぶ顔を思い浮かべながらの盛り付けは楽しいものです。

Menu

日本酒 〆張鶴 純米吟醸 純

いちご甘酒 ◆

塩豆

黒篭に詰めた前菜6種

蕗、百合根、菜の花のだし浸し ◆

独活とグレープフルーツ ◆

蟹ときゅうりの黄身酢和え ◆

卵の花とミニアスパラガス ◆

焼き鴨 柚子胡椒添え ◆

焼き鰆 獅子唐と蕗味噌添え ◆

筍と木の芽の天ぷら ◆

貝散らし寿司 ◆

寄せ卵、新和布、こごみのおすまし ◆

桜餅

干菓子 花面

お薄

◆のレシピは巻末に掲載しています。

P50〜51
・重箱／木漆工とけし　渡慶次弘幸、愛
・竹蓋付き篭／おもてなでしこ
・豆皿（箸置き代わりにしたもの）／安田奈緒子
・八角箸／大黒屋　雨晴
・いちご甘酒を入れたカクテルグラス　奥からチポラ・グラッパ、ピッコロ・フルート、ビノグランデ・スピリッツ、ピーボ、モンツァ・フルート、スキップ・スピリッツ、バンビ・フルート／すべて木村硝子
・テーブルクロス／カデーレン
P.53
・日本酒と一緒に置いた酒器／松徳硝子　村松邦男
P.55
・白輪花紋（重箱の奥に置いた取り皿）／HIGASHIYA
P.56
・四弁花小皿（寿司を取り分けた皿）／横田勝郎
P.57
・彫木皿／村上圭一　・茶碗／村上躍

メインテーブルのサイドには、満開の桜と、春らしい味わいの日本酒を用意しておきます。酒器は、うすはりのセットを選びました。お酒を注いだお猪口に花びらを浮かべたりしても風情があります。

サプライズを演出できるお弁当仕立て

お弁当というスタイルは、日本ならではの食文化のひとつです。
仕切りのないお弁当には味移りのしないものを入れるようにするなど
メニューに制限もありますが、豆皿や鉢を利用したお弁当スタイルは、
多少の汁ものでも問題がなく、自由にメニューを考えることができます。

ネットで購入した黒の篭は、底が丸みを帯びているので厚さ5mmの発泡スチロール製のブラックボードを切って中に入れ、豆皿が安定するよう底板にしました。蓋には2色の和紙と細紐で桜の小枝を飾ります。・ブラックボード／アルテ

篭のサイズに合わせて、中に入れる平たい豆皿と、足元がすぼまった豆鉢の組み合わせを考えます。素材は、陶器、磁器、ガラス、漆器、何が来ても構いません。数が揃わなければ　「直径6〜7cmの豆皿があったらお持ちください」と、豆皿の持ち寄りパーティにしてもよいでしょう。

前菜を篭に入れて、ご飯はお重に貝づくしのちらし寿司を詰めました。木の芽を散らして、春ならではの味と香りを楽しみます。

テーブルの真ん中に、景色に見立てたプレートを

丸い俎板皿を並べ、桜色のいちご甘酒をウェルカムドリンクに、
グラスの足元には小石に見立てた塩豆を散らしました。
テーブル端から弁当篭までの距離を決め、隣の篭との間隔も等分になるよう
メジャーで測ってきっちり揃えます。
目測で並べるのとはテーブルの完成度が違います。

散らした桜の小枝は、あしらい
用に販売されているものです。
筍の皮をお皿代わりにして。
小石に見立てた塩豆は、「これ、
食べられるの?」と聞かれます。
•塩豆／豆源

お椀の中身は、新和布と寄せ卵と
こごみです。
春の色、苦み、香りを詰めたおすま
しで食事を締めくくります。

いちごを使って桜色に仕立てた甘酒を用意します。お酒が飲めない方にもおすすめできるウェルカムドリンクです。

LUNCHBOX PARTY

春の和菓子にお薄を添えて、食後のお茶を楽しみます。桜餅は季節にふさわしい和菓子で、パーティの最後を締めくくります。
- 桜餅／相馬製菓
- 干菓子「花面（はなおもて）」／長久堂

5−6月

AFTERNOON GREEN TEA

Buffet

Menu

冷茶　氷出し玉露　◆

温茶　上煎茶

亖茣弖・香棒ほうじ茶　◆

柏餅、玄米天福、端午、
空豆のきんとん、本わらび

ひと口羊羹　抹茶・黒糖

抹茶かりんとう

シガール

海苔せんべい

チョコレートビスコッティ

葛きり　黒蜜、きなこ　◆

青豆飯　◆　塩昆布を添えて

粽寿司

いちご、さくらんぼ

◆のレシピは巻末に掲載しています。

新茶でアフタヌーンティー

初夏は新茶の季節です。
静岡のお茶農家さんから届く新茶のお便りをきっかけに、
和のアフタヌーンティーのテーブルを作ってみました。

「お茶」をテーマに、季節のお菓子やご飯を並べて

おもてなしを気軽に始めるには、市販のお菓子と丁寧に淹れたお茶をお出しするだけでも十分です。でももう少し工夫したいという方は、メニューを増やしてビュッフェ仕立てにしてはいかがでしょうか。いろいろな種類のお菓子やご飯が並んでテーブルは華やかに見えますが、取り寄せたお菓子以外に手製で用意したのは、葛きりと青豆ご飯だけです。味や食感が単調にならないように注意しながら、お菓子を一人でセレクトする作業も楽しいのですが、「季節のお菓子をお持ちください」と、持ち寄りにしてもよいと思います。

お菓子の由来や製法が書かれた栞を眺めながら、情報交換をするのも楽しいものです。

お客様が到着したら、まずは時間をかけて抽出した氷出し玉露を、アンティークのブランデーグラスに入れたものでお迎えし、タイミングをみて、煎茶やほうじ茶も淹れます。

季節のお菓子に加え、食感の違うおせんべいやかりんとうを入れ、日本の代表的な洋焼き菓子であるヨックモックのシガールも入れて、季節のご飯を添えました。

お菓子の銘を知ってからいただく、これも楽しみのひとつです。それぞれに簡単な名札を添えました。青豆を入れて炊いたご飯には球形の塩昆布を添えて。

• 生菓子「玄米大福」「空豆のきんとん」「本わらび」／八雲茶寮 • 汐吹昆布 玉藻／福光屋

P.58 〜 59
• 焼桐トレー／ Studio GALA
• 粉引きコンポート／中里花子
• ガラス鉢　ren シリーズ／ヒロイグラススタジオ
• 白輪花椀／宮田竜司
• 二瓶／村上雄一
• 粉引片口／島るり子
• 急須／原田七重
• 茶葉を入れた十字豆皿／亀田文
• いちごを入れた漆器／矢澤寛彰

大きなガラスの鉢には、茶畑からおすそ
分けいただいたお茶の枝を活けました。
ほんのりとやわらかなお茶の香りが部屋
じゅうに漂い、初夏の空気をもたらしてく
れます。同じくガラスの蓋付き容器に、
かりんとうとシガールを。葛きりには黒
蜜ときな粉を添えて、粽も用意しました。

• かりんとう／日本茶菓 SANOAH
• シガール／ヨックモック
• 粽寿司／有職
• 柏餅（味噌餡）／八雲茶寮

ゲストが自由に動ける工夫を

ビュッフェは、それぞれのタイミングで
好みの量を飲んだり食べたりできるところが利点です。
動きが自由で席の移動も自然にできるので、いろいろな人と話をする機会が多くなります。
取り皿や黒文字、湯呑みなども、好きに使えるように少し多めに置いておくなど、
すべてホストが面倒を見なくてもすむような工夫をしておくとよいと思います。

左　冷茶を入れたグラスは折敷でまとめ、フルーツは浅いお重に詰めました。取り皿、栞のお皿も黒で統一して、コーナーをまとめます。右　お茶のトレーに段差をつけて、テーブルにメリハリをつけます。茶葉にも名前を添えておくと、飲み比べが楽しくなります。

「持ち寄り」パーティ、どうアレンジする？

「持ち寄りパーティをまとめるのは難しい」という声を
よく耳にします。確かに「何でもよいので一品お持ち
ください」というお誘いでは、お迎えする側も、何が
登場するか全く予想がつきません。こちらが和食の
つもりでいても、慌ててフォークやナイフ、ワイング
ラスを用意しなくてはならないかもしれません。

持ち寄りパーティを上手にまとめるコツは、お迎えす
る側があらかじめお客様に、いくつかのヒントを出し
ておくことです。
　　〜テーマはアジアンにしますね。
　　〜飲み物は、アイスティーを用意しておきます。ア
　　　ルコールはロゼワインが合いそうです。
　　〜メンバーは全員で8人くらい。
　　〜私は揚げ春巻きと、海老のフォーを作ります。
　　〜どなたか、デザートをお願いできますか？

このくらいの情報を事前にお伝えしておくとスムーズ
です。あとは全員が参加できるSNSで「ドラゴンフ
ルーツを見つけたので、マンゴーと一緒に持って行き

ますね」「私はバゲットを途中で買って行くので」など
と、やりとりができますし、ホストは「フルーツはこれ
に盛って、バゲットはここへ」と、あらかじめ器を決め
ておくことができます。

それでも、料理のボリュームや実際の見栄えに関して
は、予想外のことも起こります。用意しておいた器に
対して、食べ物のボリュームが少なかった場合には、
ほかの料理と盛り合わせにする、器との色映りが悪
かったときは、笹の葉やはらんを敷いて調和を取る、
などの工夫をするとよいでしょう。さらに、芽葱や穂
紫蘇などの飾りや、予備の食べ物をホストが用意して
おけば完璧です。

気軽なパーティにするのであれば、「ニュージーラン
ドでよく食べる料理を作ります。ワインをお持ちくだ
さい」とか、「産直の新米を炊きます。ご飯のお供を
ひとつお持ちいただけますか？」といった誘い方もあ
ります。それ以上の詳細は詰めず、当日のサプライズ
を楽しむのも持ち寄りパーティの醍醐味です。

東京・九段にある「さかぐち」のおかき「京にしき」です。つやつやと輝く海苔は、アート作品のように美しく、手土産にすれば贈るのもいただくのもうれしいひと品です。

京にしき

大人の夕涼み

AFTER A HOT SUMMER'S DAY

Buffet

日中はうだるような暑さでも、
日が落ちると少し暑さがゆるんできます。
そんな夏の夕方は、親しいお友達を招いて、
夕涼みはいかがでしょう。
涼しさを感じさせる演出で、
ゲストをお迎えしてみましょう。

Menu

ロゼワイン　パトリス・コラン
　　　　　　グリ・ピノ・ドニス

香棒ほうじ茶の水出し ◆

鯛サラダ　梅ドレッシング ◆

青竹豆腐

鴨ロース　小松菜、葱 ◆

焼きヤングコーン ◆

稚鮎のから揚げ ◆

漬物寿司　茗荷、茄子 ◆

棒生姜の甘酢漬け ◆

無花果、ぶどう

◆のレシピは巻末に掲載しています。

テーブルの上の色と素材の関係

一日の暑さもピークを越えたら、玄関に水を打って夕涼み。セッティングには藍の器と艶のない黒いお盆を組み合わせてみました。ワイン、茗荷、鴨ロース、無花果と、ドリンクとフードの色をロゼカラーに揃えてシックなテーブルを作ります。センターに一段高さをつけテーブル全方向から料理にアクセスしやすい形にしました。透け感のある2色使いのテーブルクロス、竹すだれ、山帰来、ぶどうの葉で涼を演出します。器の軽さ／重さ、クロスの薄さ／厚さ、で季節感は表現することができます。暑い時季には、

涼しさを感じさせることも大切なおもてなしです。テーブルウェアと料理の色はよく考え、色使いは完璧なのに、なぜかテーブルがまとまらないと感じる場合は、素材の整理が必要かもしれません。料理以外でテーブルの上にのる素材は、布、陶器、磁器、ガラス、木、紙、鉄、石、ステンレス、アルミとさまざまです。木も、種類によって表情が異なります。素材が多いほど、全体のトーンをまとめるのは難しくなります。なんだかすっきりしないと思ったら、素材を変えたり、種類を絞ったりしてみてください。

AFTER A HOT SUMMER'S DAY

ロゼのスパークリングワインは夏の夕方にぴったり、と思うのは私だけでしょうか。すっきりとした味わいのロゼワインが、気持ちを一気に入れ替えてくれます。

P.66〜71
•フルーツを入れたボウル／BUNACO •コールドブリューボトル／TEA SHOP ITOEN •テーブルランナー（竹）／公長齋小菅 •ワイングラス／ツヴィーゼル・ブティック代官山 •三度黒染めのラウンドトレー／井藤昌志 •豆腐の薬味を入れたガラス酒器／松徳硝子　村松邦男 •青竹豆腐に添えた木べら／Spiral Market •トレー楕円／BUNACO •テーブルクロス／LINEN & DECOR

白黒のモノトーンのテーブルを作ると、すっきりしすぎ
て冷たい感じがする、という相談を受けることがあり
ます。その場合、色は増やさずに別素材を加えてみて
ください。ワインクーラーにリネンのナプキンを添え
たり、季節の一枝を器にのせたり。それだけでもテー
ブルにやわらかさが生まれます。また、全体が地味に
感じる場合は「艶」を意識して。光沢のある漆器やグ
ラスなどで艶を加えるとぐっと華やかなテーブルにな
ります。

墨色を背景に、瑞々しい料理が映える

時節柄、焼き野菜や漬物寿司など、シンプルな料理が好まれます。
蛸唐草の皿には香味野菜たっぷりの鯛のサラダ、そして小鉢には
鴨ロースと小松菜、白髪葱を天盛りにしました。食卓のセンターにあしらった
墨色の竹すだれ、艶消しの漆器とのコントラストが涼しげです。

中央には青い実がついた山帰来の枝、鮎の皿にはぶどうの葉。生き生きとした緑が、夏の弾けるようなエネルギーを感じさせてくれます。

茗荷と棒生姜を甘酢漬けにして、きれいなロゼ色を作りました。浅漬けの茄子も小さな握りに仕立てました。あっさりした野菜寿司は、暑い日でもさっぱりおいしく食べられて好評です。

SUMMER FESTIVAL

夏祭り

本日は、焼きそばやたこ焼きがメインディッシュです。
とは言っても、白木の曲げわっぱや竹籠、杉箸を使い、
西瓜ウォッカもお出しして、こだわりの大人仕様です。

8
月

夏のパーティは、お祭りらしく「遊び」を入れて

ケータリングの仕事をしていたときに「夏祭り」をテーマにしたパーティを何度も経験しました。小さなお子さんがいる場では紙芝居屋さんが来たり、割り箸鉄砲の射的コーナーがあったりと、食事以外のお楽しみがありました。大人の夏祭りなら、噺家さんに来てもらうのも楽しそうです。または、童心に帰って線香花火をするなど、「遊び」の要素を入れると盛り上がります。ビュッフェテーブルに器を並べる際に、テーブルウェアの色や素材は絞ったほうがまとまりのあるテーブルになりますが、器の形やサイズについては、丸や長角、楕円など、いろいろな形を集めたり、大小さまざまなサイズがあったほうが楽しくなると思っています。テーブルがきちんとしすぎていて、硬く感じる場合は、器の形やサイズが揃いすぎているのかもしれません。そんなときは、少し大きすぎるかな、と感じるくらいのビッグサイズのトレーを使って、小さな器をまと

めてみてください。また、高低について言えば、差が大きいほどテーブルに緊張感が生まれます。広い会場でフードやドリンクが大量に並ぶ場合は高さのあるテーブルで非日常感を楽しむのもよいのですが、ホームパーティでは、わずかな高低差があれば十分だと思います。

夏祭りらしく、うちわを用意すると気分も上がります。「夏」「涼」などの文字を印刷した小さな紙を杉箸に巻いて、ちょっとした「くじ引き」のような遊びを入れてみました。「蚊」が当たった方には、虫除けクリームをプレゼントします。

Menu

ビール　エビスビール

たこ焼き

冷やし野菜　ガチみそ添え

フルーツトマト、ミニきゅうり、キャベツ、エシャロット

ゴーヤの塩もみ

茹でオクラ

スパイシー手羽先　◆

茹で枝豆

自家製ポテトチップス　◆

梅じゃこむすび、塩むすび　◆

柴漬け

西瓜ウォッカ　◆

◆のレシピは巻末に掲載しています。

P72〜73

・ビールグラス／木村硝子

・盃台／杉田明彦

・白木　飯切　尺・五寸丸弁当箱／柴田慶信商店

・竹かご／佐川岳彦

・味噌を入れた小鉢／中里花子

・カクテルグラス（西瓜を入れたもの）／ツヴィーゼル・ブティック代官山

・取り皿／WASARA

・本赤柾杉利休箸　贅の御箸／箸勝本店

・テーブルクロス／カデーレン

白木の曲げわっぱは、テーブ
ル全体を上質で大人っぽい
雰囲気にしてくれます。丸い
わっぱにコロコロと丸めたお
にぎりをリズミカルに詰めて
金蓮葉を敷いて彩りを添えま
した。蓋はトレーとしても活
躍してくれます。私は、柴田
慶信商店のものを愛用してい
ます。

小ぶりのわっぱに盛ったのは、自家製の柴漬けとゴーヤの塩もみ、それに生のエシャロットとかぼちゃの漬物です。手の混んだ料理ではありませんが、蓮の葉をあしらいに使うと野菜が美しく映え、ごちそう感がアップします。

わっぱに氷を張ってテーブルに涼を

わっぱのすし桶に氷を張って、ビールや野菜を直接冷やします。
キラキラと輝く氷を見ただけで、すうっと涼しい気持ちになるものです。
小さなわっぱは重ねるように置くことで、ちょうどよい高低差を作ることができます。

普段は缶ビール派の方も、パーティのときには瓶ビールを用意してはいかがでしょうか。瓶がずらりと並んだ光景もまた夏らしく感じられます。瓶から注ぐビールはなかなかオツなものです。

夏野菜は、産直の新鮮なものをしっかり冷やしてシンプルに食べるのが好きです。木桶仕込みにこだわったブランド、ガチみそでは、名物の味噌を少量の200gから購入することができます。

•ガチみそ／三〇KURA

ガチみそ 赤甘

味噌元
ごはんにのせるとん汁

ガチみそ 黄

ツールを上手に使う

ビュッフェにライブ感を持ち込むなら、たこ焼きがおすすめです。
卓上たこ焼き器には岩谷産業の「スーパー炎たこ」を使っていますが、
焼き立てを少しでも早く食べてもらいたいので、
コンロから上の鉄板部分をはずしてビュッフェの俎板皿にのせました。
削り立ての鰹節の香りも格別です。

SUMMER FESTIVAL

カセットコンロ専用のたこ焼き器「スーパー炎たこ」は、持ち運びが楽なので屋外でも使えて便利です。火力が強いので、外はカリッと、中はふんわり焼き上がります。ゲストの中には、たこ焼き係を引き受けてくれる人も必ずいるので、ホストにとってはありがたいツールです。

ビールといえば、ポテトチップスと枝豆！　大定番のおつまみこそ、特別でなければなりません。自家製のポテトチップスは、揚げるそばから手が伸びるおいしさ。葉付きの枝豆を買い、さや豆を茹でたら、葉と一緒に盛り込みます。

メインはたこ焼きですが、手羽先も人気です。にんにくとタバスコをもみ込んでグリルした鶏手羽は、香ばしいにおいで食欲をそそります。

デザート代わりに用意したのは、西瓜ウォッカ。ミントシロップに漬けておいた西瓜にウォッカをかけていただくフルーツカクテルです。お酒の量はお好みで調整できるよう、スミノフのミニボトルを添えます。ミントシロップの清涼感が西瓜に移ってウォッカなしでも充分おいしいので、アルコールが苦手な方にもおすすめです。

Seated

9月

月を愛でよう

空が高く深く、月がひときわ美しく感じられる秋。
9月は、大事なお客さまお一人だけをお呼びして、
しっとり静かなお食事はいかがでしょう。
床に座り、月を仰ぎ見ながら楽しむ大人の宴です。

季節の器で秋を楽しむ

秋の夕べ、窓際に低く座り、焼物の花器にすすきを入れて、季節の器で月見酒を楽しみます。日本酒の神様といわれる農口尚彦氏の日本酒に合わせて、即席のつまみに季節のご飯と汁、そして月にちなんだ3種のお菓子を用意しました。

今回は、季節の器を使ってのおもてなしです。和食器には、春には春の、夏には夏の、と四季それぞれに季節限定の器があります。季節ごとに器を出し入れする丁寧な暮らしには憧れますが、一年は飛ぶように過ぎていき、収納場所も限られています。食事を楽しくしてくれる器は大好きですが、基本的に私は多目的に使える器を選び、季節限定ものには手を出さないようにしています。と言いながら、祖母が集めた器に「秋もの」が多かったことを言い訳に、最近は「秋」に限って、季節の絵柄が入ったお椀や小物を少しだけ買い足しています。暑い夏が終わり、ほっと一息つくこの時季には、器の景色を楽しみながらの食事が、何よりの贅沢です。

大ぶりの花器に、酒瓶といっしょにすすきを投げ入れました。置くもよし、ウェルカムテーブルに飾るもよし。すすきも日本酒も、秋の空気を演出してくれます。

Menu

日本酒　農口尚彦研究所

衣被とオクラのだし浸し ◆

焼き茄子 ◆

焼きししゃも ◆

蟹真薯椀 ◆

松茸ご飯 ◆

姫薯蕷饅頭、ミニ月餅、

銭洗いクッキー

◆のレシピは巻末に掲載しています。

P.80〜81
- 蓋付きの茶碗／伊藤環
- 金彩鉢／富田正
- 銀彩盃／山本哲也
- 塗煮物椀／たかはし光琳堂
- ロングトレー（黒）／島安汎工芸製作所　PARTY DESIGN webでも取り扱い中
- 八角箸／大黒屋　雨晴

秋の花を写した蓋付きの椀に、蟹
真薯の吸物を盛ります。菊の花び
らを散らしたら、秋の椀物の完成。
黒い漆器に菊の色が美しく際立ち
ます。ご飯は蓋付きの磁器によそ
い、お膳にのせて。

世代を超えて使い続ける和の器

私の食器棚には、器好きだった祖母から受け継いだものや
友達から譲ってもらったもの、京都の骨董市で買ったものなど、
時代も場所も、いろいろな由来を持つ器たちが並んでいます。
そういった器を組み合わせてお料理のことを考えるのは、幸せな時間です。

塗りのお膳に秋らしい器を
のせておつまみを盛ります。
黒に金彩の器が映えます。

•金彩鉢／富田正

うさぎのお重は友人から譲
り受けたもの。この季節に
よく使っています。

UNDER THE MOONLIGHT

お正月用品を集めた箱から
見つけた屠蘇用の酒器。黒
のシンプルな漆器なので、お
正月に限らず使うことにしま
した。銀彩盃も月見酒にぴ
ったりです。

•銀彩盃／山本哲也

「月」にちなんだ食べ物を少しずつ集めて

この季節には、月やうさぎのお菓子をたくさん見かけます。
そんな小さなお菓子を集めてうさぎのお重に詰めました。
料理は、床に座ったときに食べやすい高さにお膳を作って
月見の宴にふさわしい仕立てにします。

上　月に関係のあるお菓子を集めました。ひと口
サイズの姫薯蕷饅頭にミニ月餅、そして、満月に向
かってお財布を振ると金運が上がるというジンク
スにちなんで、鎌倉の銭洗いクッキーも入れます。
うさぎの干菓子を添えたら、月見重の完成です。

• 姫薯蕷饅頭／志むら　• 干菓子／鶴屋吉信
• 月餅／円菓天　• 銭洗いの泉／豊島屋

下　秋の食材を使ったおつまみを塗りのお膳にま
とめました。床に直に置くと食べにくいので、ワイ
ンの木箱を伏せて布をかけ、高さを出しました。

衣被とオクラを盛り合わせ
ました。小いもで作る衣被
は、秋の初めの定番料理で
す。オクラはだしで煮浸し
に。金彩の器は落ち着いた
色合いのお惣菜にもよく合
います。

小ぶりのししゃもをこんがり
と焼いただけ。こんな、料
理とも言えないようなシンプ
ルなものが好きです。懐紙
と菊の葉をあしらって、ちょ
っとよそゆきです。

茄子はグリルで真っ黒に焼
き、熱いうちに丁寧に皮をむ
きます。地味な料理が並ぶ
ので、おだしはキラッと光る
ジュレにして添えました。

10月

ALL ABOUT SANMA

秋刀魚づくし

秋の魚といえば秋刀魚(さんま)。我が家では、毎年10月に秋刀魚を楽しむ会を開きます。
庭で魚を焼き、窓を開け放して楽しむビュッフェは「食欲の秋」にふさわしいイベント。
気持ちのいい外の空気を感じながら、秋の味覚を堪能します。

Buffet

大皿に料理を盛って、ワイワイ楽しむビュッフェ

毎年10月の土曜日に開く秋刀魚会。スタッフと家族と友達、20名ほどが集まって50尾以上の秋刀魚を堪能します。炭の火起こしと同時に、魚をおろし、刺身を作り、つみれ汁、秋刀魚のオイル漬けやパスタなど、料理好きの面々が「秋刀魚」をお題に腕をふるいます。規模やメニューが大きく変化することのない恒例の集まりは、前年の買い物リストや使う器のリストを元に準備できるところが利点。凝ったセッティングもせず、皆で料理をしながら、できた順に食べて

いくような集まりですが、場を華やかにしてくれる大皿が、こんなときにぴったりです。今回は、板を使って段差を作り、小料理屋のカウンターのように料理を並べてみました。

Menu

ビール HEARTLAND

秋刀魚の握り寿司

秋刀魚の竜田揚げ、
さつまいも、獅子唐

焼き秋刀魚 ◆

春菊サラダ ◆

秋刀魚の土鍋炊き込みご飯 ◆

白菜の漬物 ◆

茗荷の甘酢漬け

◆のレシピは巻末に掲載しています。

秋刀魚づくしのビュッフェには軽めのビールを合わせます。大きなクーラーに氷とビールを入れたら、あとはお好きにどうぞ。

P.88〜89 ・俎板皿 KASAMA ／ TIME & STYLE ・大皿／小野哲平 ・トレー楕円／BUNACO ・漆器応量器／エス オンラインショップ ・土鍋／江川玲子 ・しゃもじ／木屋 ・豆皿(箸置き代わりにしたもの)／飯田彩 ・箸／市原平兵衛商店 ・ワインクーラー／ヴェラ ・ボウル／italesse ・ビールグラス／木村硝子

秋刀魚は一尾丸ごと焼くようにしています。
小鹿田焼（おんたやき）の大皿に庭のはらんを敷き、長
い秋刀魚をそのままのせます。秋刀魚会
を開き始めて何年目になるかわかりません
が、だいぶ目が肥えておいしそうな秋刀魚
を探せるようになってきました。

ALL ABOUT SANMA

ビュッフェのメニューはお皿ありきで考える

ビュッフェテーブルを作る場合はまず、料理の候補を多めにリストアップします。
それからテーブルセッティングやお皿を考えるのですが、
「大皿を二つ高さ違いで置きたいから、大皿にのせる料理をリストの中から選ぶ」
といった具合に、どちらかというとセッティングを優先してメニューを決めるとうまくいきます。

もう一枚の大皿には、秋刀魚の竜田揚げを、さつまいもと獅子唐と一緒に盛り付けます。すだちは、搾った汁が飛ばないように一か所小さく切り口をつけておくのを忘れずに。大皿は縁を見せるように少なめに盛り付けるのがポイントです。

白菜の漬物と茗荷の甘酢
漬けを、黒い俎板皿に盛り
合わせます。間に紫蘇を一
枝、穂紫蘇付きがあったの
で大胆に置きました。箸休
めの漬物も、盛り付けを工
夫すると、見え方が変わって
きます。

ひとつの食材をテーマに、いろいろな料理を楽しむ

食材をテーマにしたパーティもおすすめです。
季節を代表する素材を思う存分食べつくすことは
少人数ではなかなかできないですし、親しい人と集まって
それぞれが好きな料理法を持ち寄ると、知らなかった食べ方や
面白い調味料などに出合うこともあります。

秋刀魚をたっぷり入れて土鍋で炊き上げたご飯は、鍋ごとそのまま卓上へ。仕上げにたっぷりの紫蘇をのせたら、色合いも美しく、爽やかな香りがふわっと立ち上ります。この土鍋は、娘が作ったものです。適度に水分を飛ばす土鍋は、ご飯炊きには特に威力を発揮します。

炊き上がったご飯は、まず皆さんに全容をご覧に入れてから、目の前でサーブします。秋刀魚を混ぜ込むように全体にしゃもじを入れてから、ふっくら盛り付けます。

生の春菊のやわらかい葉先だけをつみ取って、胡麻油の香るサラダに仕立てました。仕上げには、黄色い菊花をたっぷり散らして、秋の装いです。春菊の香りが、秋刀魚づくしのテーブルに清涼感を添えてくれます。

ALL ABOUT SANMA

こちらは、おなじみのお寿司屋さんに握っていただいた秋刀魚のお寿司。脂ののった秋刀魚は絶品です。新鮮な魚が手に入ったときだけしか食べられない贅沢な味です。

なりきり蕎麦屋

蕎麦とつまみでお酒を囲む、お蕎麦屋ごっこはいかがですか？
手軽に作れるおつまみと、優秀な乾麺があれば、誰でも簡単にできる
「なりきり蕎麦屋」。香り高い新蕎麦を楽しむパーティです。

粋な「蕎麦屋」を気取って

蕎麦屋のつまみは、板わさや鮪の山かけなど、すぐ作れるものも多いので、つまみを並べて蕎麦で〆る「なりきり蕎麦屋」は気軽に始められるパーティです。山形県寒河江市にある卯月製麺の「さがえ蕎麦」は、蕎麦好きの友達が「下手な蕎麦屋より旨い」と教えてくれた優秀な乾麺。普段はこのお蕎麦があれば大満足なのですが、ここに、蕎麦打ち名人がゲストに加わってくれれば、最高に幸せなパーティになります。香りと粉の旨みが格別な十割蕎麦は、打った翌日が最もおいしいのだとか。

少人数のセッティングの際に、テーブルの大きさに対して、並べる料理やお皿が少ないときは、テーブルの一部を仕切ってドリンクコーナーを作ります。テーブルランナーやトレーを使ってゾーン分けをすると、メリハリもでき、テーブルがまとまりやすくなります。今回は、石板にお酒や猪口、小皿を細々と並べてドリンクコーナーを作りました。あえてテーブルの端をあけて座る席の間隔を狭くすることで、ちょっと窮屈なくらい親密な、蕎麦屋の雰囲気を作っています。

Menu

日本酒
ひやおろし　越の誉　純米吟醸　秋酒
篠峯　純米大吟醸　愛山
梅酒　青谷の梅
柚子を絞った発泡水

焼きメ鯖　がりを添えて　◆
生筋子の味噌漬け　◆
卵焼き　◆
ひじきの煮物　◆
山椒鶏　◆
かき揚げ　◆
新蕎麦　ざる蕎麦、からすみ蕎麦　◆

◆のレシピは巻末に掲載しています。

テーブルの一部に石板を置いて、ドリンクコーナーを作りました。お酒やグラスを並べたところに、柚子を一枝。柚子を炭酸で割ってソフトドリンクにしてもよいですし、塩と柚子で食べる蕎麦も格別です。

P.96〜97　•ガラス片口　宴／スガハラガラス　•陶器　猪口／江川玲子　•色ガラスグラス／IKEA　•粉引片口／島るり子　•横長皿／KINTA STUDIO　•四方皿／由起子窯　•輪花皿／宮田竜司　•六角皿／宮内太志　•六角皿（筋子を入れたもの）／安齋新・厚子　•金彩鉢／富田正　•刷毛目皿／額賀円也　•角皿（蕎麦を入れたもの）／ミヤチヤスヨ　•蕎麦猪口／額賀円也　•調味料を入れたトレー代わりにした漆器／矢澤寛彰　•蕎麦つゆを入れた片口／亀田大介　•ランチョンマット／BAN INOLE　•竹箸／いしかわ竹乃店

テーブルにはまず、おつまみを
ずらりと並べて、好き好きに料
理を食べながらお酒を楽しんで
いただきます。取り分けるスタ
イルなので、大小の取り皿を一
人分ずつランチョンマットにの
せておきます。色のトーンを統
一すれば、いろいろな形のお皿
もまとまります。

それぞれのリズムで自由に楽しむ

中央に盛った皿からゲストが自由に取り分ける、
こういったスタイルは、やはり少人数の集まりに適しています。
料理は、いつもの卵焼きや、数日前に作ったひじきの煮物、切っただけの焼き〆鯖など、
あまり目を引くものはありませんが、蕎麦に合わせる料理はこういったもので充分です。
ちょいと蕎麦でも、といった風に気軽に楽しめる集まりが好きです。

センターに置くおつまみには、木の板を使いました。カジュアルな和のスタイルでは木の器もよいものです。庭のつわぶきを仕切りに使って盛り付けました。

MOCK SOBA NOODLE RESTAURANT

左　ゲストから手土産にいただ
いたお酒も、ドリンクコーナー
に仲間入り。
下　大鉢には山椒鶏と蓮根を
入れました。取りやすいように、
箸ではなくスプーンを添えまし
た。テーブルの雰囲気に合わ
せて、塗りのものを選びます。

12月

NEW YEAR'S EVE PARTY

イヤーエンドに集う

一年の終わりに家族や友だちを招いてちょっと贅沢なパーティをする、という設定です。
黒の折敷をベースにガラスの器で輝きを加え、松の枝をあしらえば、
和洋が重なった華やかなしつらえになります。

「和」と「洋」をバランスよく取り合わせる

アンティークの漆器にガラスの器とキャンドルという組み合わせは、昔からのお気に入りです。折敷を使って、ブルスケッタやカクテルフードを並べる「EAST meets WEST」のスタイルはケータリング時代からの定番ですが、今回は実付きの松を飾って少し贅沢なメニューを用意し、家族や友達とともに新年を迎えるテーブルを作ってみました。

ポイントは、和と洋の組み合わせ方。和洋の料理や器を、バランスを考えずに一緒に並べるとまとまりのないテーブルになってしまいます。おすすめは、和を組み入れるポイントを絞ること。今回、洋食に折敷と松を合わせたように、洋に重きを置きながらアクセントとして和を取り込む和洋折衷が作りやすいスタイルだと思っています。例えば、フレンチのレストランが有田の器を使ったり、パスタに海苔のソースや雲丹のトッピングをしたりするよう

なバランスがよいお手本です。「これぞ」という和のアイテムを厳選して、洋のコーディネートの中の要所要所に入れていくと、素敵なテーブルができるはずです。

Menu

スパークリングワイン
コヤマ メトード・トラディショネル
リースリング スパークリング ブリュット NV

生牡蠣

ブリニ＆キャビア ◆

蛸とケールのサラダ

シャルキュトリーとカリフラワーのピクルスの盛り合わせ

ブルスケッタ

シンプルローストビーフとマッシュポテト ◆

キャラメルケーキ クグロフスタイル ◆

チョコレートトリュフ ◆

◆のレシピは巻末に掲載しています。

キャビアはサワークリームを付けてブリニにのせていただくのが定番です。小さなブリニは一枚ずつ丁寧に焼いたもの。冷凍もできるので、前日までにまとめて作っておくと便利です。

P.102〜103 ・ワイングラス／ツヴィーゼル ブティック代官山 ・ワインクーラー／Flamant ・ガラスコンポート／LSA ・ガラス皿 サンバ／ナハトマン ・ウィスキーグラス／木村硝子 ・クリスタルピック／ミノチヤ キッチンセンター ・レイラボウル（キャビアやクリームを入れたもの）／スガハラガラス ・カナボウル（ブリニをいれたもの）／スガハラガラス ・スウィーツパレット／ミヤザキ食器 PARTY DESIGN webでも取り扱い中 ・トレー／ NOTRE MONDE LIVING MOTIF ・テーブルクロス／カデーレン

年末の集いには、やはりスパークリングを。今回は、ニュージーランドにあるワイナリー「コヤマ・ワインズ」のものを用意しました。リースリングの香りが華やかで、やさしい泡が特徴。エチケットもどことなく和のイメージです。

小さなフィンガーフードを美しく見せる

ひと口サイズのフィンガーフードをたくさん盛り付けるときは
器の色と質感を統一すると全体がすっきりまとまります。
今回は、漆器をメインに、黒とガラスでまとめました。
アクセントは、松の深いグリーン。シックなステージを用意して
小さなフィンガーフードをより美しくおいしそうに引き立てましょう。

上　ローストビーフとマッシュポテトのブルスケッタは、黒い折敷に直接並べます。

下　キヌアと合わせた蛸とケールのサラダは、口の広いシャンパングラスに入れてアミューズ仕立てに。

真っ白なカリフラワーのピクルスを、シャルキュトリーの赤と組み合わせて
小皿に。ガラスの皿の縁どりのカットが、折敷に映えて華やかです。

生牡蠣は、ガラスの大皿に氷を敷き詰めたうえに並べて、くし形に切ったレモンを添えました。パリのビストロでよく見かけるスタイルです。スパークリングワインと一緒にいただいたら、年末の気分が盛り上がります。

NEW YEAR'S EVE PARTY

スイーツコーナーは、キャンドルでドラマティックに

デザートもシックな色でまとめて、大人のアフターディナーを演出します。
チョコレートのダークブラウンに、少し差し色をする程度のトーンに抑え、
周りには、リースのように松とキャンドルをあしらいました。

キャンドルのゆるやかな炎が、冬の夜をやわらかく照らします。松とキャンドル＝和と洋の取り合わせです。キャンドルは最初から火をつけず、会の途中でさりげなく灯してもいいでしょう。

前菜のあとにブリニが少し残ってしまったら、キャビアとサワークリームをのせて小さな器に入れておきましょう。

New Year's Eve Party

食後酒のお供になるプチフール。ガラスのコンポートにチョコレートトリュフをのせて、ドライオレンジとクランベリー、アーモンドチョコレートを散らしました。

クグロフスタイルのキャラメルケーキは、「ア
トリエール」を営むパティシエール、山野亜希
子さんのもの。特大サイズをオーダーで作
っていただきました。薄いリンツのチョコレ
ートと粉糖で飾り、真ん中に無花果をのせ
たら、まるでオブジェのように見えます。お
茶にもお酒にも合うスイーツは、締めくくりに
ふさわしいデザートです。

飾り方で印象が変わる
おもてなしの花

テーブルに花を飾るか、飾らないか？
パーティの空間で花をどうするかは、悩むところです。
ただ、華やかさが足りないから、スペースがあいて
いるから、という漠然とした理由で花をテーブル
に飾ると、全体のバランスが崩れ、逆効果になる
ことも多いように思います。

私が考えるに、テーブルに花を飾るべきなのは、
1.高さを出す必要がある場合
2.色を足したい場合
3.季節を強調したい場合
の3つのケースだけです。
この3つのいずれにも該当しない場合は、料理と

一緒に花は飾りません。

テーブルの上はただでさえ、クロス、皿、カトラリー、料理、とさまざまなアイテムや色が入るわけですから、そこに花器、枝物や花を加えると、全体のバランスをとるのはどんどん難しくなります。

キャンドル、オブジェ、ナプキン、メニューカードと頑張りすぎると、人に印象を残すテーブルからは遠ざかります。花を飾るのであれば、ほかは抑えてメリハリをつけることが大事です。

テーブルを作るときには、視線を集めるフォーカルポイントはあったほうがよいと思いますが、花でなくても、大きめのワインクーラーや、大皿料理のひとつでもポイントを作ることはできます。

テーブルに花を飾るときにもうひとつ大事なのは花器の選び方です。間に合わせの花器を使って花を活けるくらいなら、花はないほうがよいと思います。花器も器の一部だと考えて、一緒に並べても違和感のないものを選びます。

ガラスの花器を使う場合には、花器に指紋ひとつ無くぴかぴかで、新鮮な水がはってあることが大事です。つい花だけを意識してしまいがちですが、ガラス越しの草花の足元まで綺麗に見えているか、そこまで神経を使うかどうかで、でき上がりに大きな差がつきます。

アートフラワーを使ってはいけませんか、と聞かれることがよくあります。

好みからいえば生花が好きですが、ケータリングをしていた頃は、季節に先行して行われる展示会のディスプレイなどで、11月に桜やイースターの飾り付けを依頼されることも多く、アートフラワーもたくさん扱いました。本物と見間違うようなアートフラワーなら、使い方によっては効果的であることを、こうした経験から学びました。

毎年年末にうかがうお客様のお宅で、薄暗い床の間に置かれた大振りの壺に、深紅のアリストロメリアが飾られていました。とても素敵なのでお話を伺うと、手前の3本だけが本物で奥はアートフラワーとのことでした。こうした使い方も一案です。

また別の場所で、床置きのアレンジメントがあまりに素敵だったので、フラワーデザイナーの方に声をかけたら「アートフラワーは、花はよくても葉もののクオリティが低いので、生の葉にアートフラワーを組み合わせて使っています」というお話が返ってきたこともあります。

近い距離から眺めるテーブルの花や葉は生がよいと思いますが、違った状況においては、賢くアートフラワーを使うのもよさそうです。

花を飾るのであれば、いつでも手に入る花ではなく、季節を感じられるもの、その時季にしかない花や枝葉を取り入れることをおすすめします。

花材に迷ったら、信頼できる花屋さんのディスプレイを参考にしたり、花器の写真を見せて、アドバイスをもらったりするのもよいでしょう。

身近なもので「華」を添える

花屋さんを頼るだけでなく、拾ってきた落葉や庭の枝や実、
フェンスにからまっている葛の葉など、身近で見つけたものも、楽しんで飾っています。
散歩の途中で見つけた表情豊かな植物たちが
季節の香りを運んでくれます。

夏、竹すだれのテーブルセンターに、山帰来をあしらって。

秋の陽射しが差し込む窓辺に置いた大皿に実を付けた薔薇の枝を活けてみました。

散歩中に集めた葉や実を、黒い箱に詰めました。自然の色の豊かさに心動かされるアレンジメントができ上がりました。

色付ガラスの小鉢を花器に見立てて、鉄仙を活けました。水を張ったガラスの器が涼しげで、夏の午後に涼を運んでくれます。

8つの一輪挿しをひとつの皿にまとめています。食事の邪魔になるようなら2か所に分けたり、一列に並べ替えたりと、アレンジ自在なスタイルです。

椿の葉を入れた一輪挿し。それだけでは淋しく見えるので、小鹿田焼の大皿を合わせて華やかに見せています。

玄関に絵を飾る代わりに、季節の掛け花でお客様をお迎えします。

庭の片隅や、散歩の途中で集めた実ものを小鉢に入れ、折敷とスズメウリのつるで一体感を出します。

「WELCOME」の気持ちを込めて
メニューカードを作る

テーマを決めてパーティをする場合、それに合わせて、食事、飲み物、器やセッティングを考えていきますが、メニューカードでテーマを伝えることもできます。メニューの書き方やデザインを考え、紙を選び、フォントもテーマに沿ったものを選びます。制作するには手間がかかるので、ワンランク上のおもてなしになりますが、メニューカードはテーマをダイレクトに伝えるのに効果的な小道具です。

PARTY DESIGNのセミナーでは、最終回に生徒さんがテーマを決めて実際にパーティのテーブルを作る、というレッスンがあります。季節やその時々のトレンドを取り入れたテーマに合わせて、オリジナルのメニューカードを作る方もいらっしゃいます。
写真は、セミナーの最終回のパーティのテーブルに合わせ、生徒さんが作成されたものの一部です。
それぞれ個性があって、テーマをよく表しています。

1 「令和を祝う」
奉書スタイルです。表紙には梅の枝が描かれ、内側には、箔入りの紙に当日の献立が印刷されています。

2 「Réunion à Paris」
パリでの再会をテーマにしたときのメニューカードです。PARTY DESIGNからパリまでのファーストクラスのボーディングパスになっていますね。

3 「実りとお月見」
モノトーンの絵を背景にお品書きが印刷されており、その上に手描きで加えられた金と銀のデザインが素敵です。

4 「花祭り」
ハトメを使って、5枚の紙が開くようになっています。中には、お品書きだけでなく、花祭りの由来や、解説も付いています。

5 「blossom」
マリー・アントワネットの映画が話題になっていた頃、お菓子に見立てた料理を集めて春のテーブルを作りました。王妃をイメージしたフリンジ付きの扇の中には、エレガントな書体で書かれたメニューカードが入っています。

6 「DUSK OF AFRICA」
表がジラフ模様、裏がメニューになっています。少し厚手で地模様のある紙質と、皮のように見える紐が、ラグジュアリーな印象です。

7 「Hawaii Party」
シンプルな作りですが、モノトーンのイメージ写真がちらりと見えるところに、センスを感じます。

ご紹介したのは、どれも完成度の高いものですが、ここまで凝らなくても、メニューカードを用意することでテーマが明確になります。

6

DUSK OF AFRICA

おいレンズ豆のサラダ
RED LENTIL SALAD
ガスパチョ
GAZPACHO
スイカとフェタチーズ
WATERMELON, FETA CHEESE
マンゴサラダ
MANGO SALAD
夏野菜とクスクスきゅうもど
SUMMER VEGETABLES & COUSCOUS

グルラム
GRILLED LAMB
リングィサ
LINGUIÇA
ケイティーの自家製パン
KATIE'S BREAD

ゼブラケーキ
ZEBRA CAKE

パッションフルーツ ラムパンチ
PASSION FRUIT RUM PUNCH
エチオピアコーヒー
ETHIOPIAN COFFEE
PYTHON CUP

... NAR VOL.3
... ST 11, 2014

1

2

BOARDING PASS
PARTY TICKET AIRLINE

Réunion à Paris

DEPARTURE DATE: SUNDAY, MARCH 15, 2015
DEPARTURE TIME: 12:30 p.m
DEPARTURE PLACE: PARTY DESIGN
DESTINATION: PARIS,FRANCE
DRESS CODE: SOMETHING PINK

PARIS,FRANCE
FIRST CLASS

Mar.
15
2015

1234567891

3

4

5

Menu

Assorted Nuts
Vege Petite Choux
Cake Salé
Organic Vegetable & Dip
...

7

Hawaii
Party

June 29, 2017

PARTY ALBUM

PARTY DESIGNでは「魅せるテーブルの作り方」というセミナーを行っています。
ベーシック、和、ケータリング、アドバンスド、4つのコースそれぞれで、
器選び、花のこと、テーブルセッティングのコツ、衛生管理などについて、お話しをしたり、
実際に皆で盛り付けをしたりしています。
そして、セミナーの最終回には参加者全員でひとつのテーブルを作ります。
テーマを決め、具体的な内容を詰めて、アイデアを形にしていく、貴重な実践の場です。
参加者たちが作ったパーティテーブルの数々をご紹介しましょう。

「ハレの日の箱パーティ」

「Japanese Wine Party」

「豆皿パーティ tokyo」

「Valentine's Buffet」

「GLAMPING PARTY」

「タイ サンセットパーティ」

「豆皿パーティ fukuoka」

「ナチュラルガーデンパーティ」

「緑を楽しむガーデンパーティ」

「七夕をイメージしたテーブル」

「七夕の夕べ」

「Kawadoko」

「Summer Aperitif」

「卯月 花見の余韻を味わい、新緑を楽しむ会」

「お花見（若葉）お弁当仕立て」

「Hawaii BBQ Party」

「Storybook Picnic Style」

「MALTA」

「藍色のテーブル」

「秋の夜長の
和食おつまみ会」

「French Vietnam」

「実りとお月見」

「夏越の祓・テリーヌ＆ピンチョス」

「新年のテーブル」

「COZY/WINTER/GIFT FROM THE EARTH」

「Belgium Christmas Marche」

「ロシアのクリスマス」

「MOROCCAN STYLE」

「金沢」

「大皿を囲む春の会」

「Wedding」

「令和を祝う」

「Middle Eastern Spice market」

「ティファニーで朝食を」

「サンセバスチャン」

PARTY RECIPES

調味料の量は目安です。
塩ひとつまみは、親指、人差し指、中指の3本でつまみます。この本では、0.8〜1g（約小さじ1/5）です。味見をして、好みの量に変えてください。
また、野菜の茹で時間なども目安です。湯気の中から野菜の香りが立ってきたら、茹で上がりの合図です。

基本のレシピ

料理にたびたび登場する基本の調理の手順と、下処理の仕方を紹介します。

基本のだし

●**材料**（約1000ml分）
日高昆布（さっと洗う）1〜2枚／鰹削り節（ほぐす）10〜15g
●**作り方**
1 鍋に水1200mlと昆布を入れ、15分ほどおく。
2 **1**を火にかけて、小さい泡が出てきたら沸騰前に昆布を取り出す。
3 沸騰したら火を止め、すぐに削り節を入れて1分待つ。削り節が水面から出ていたら箸で静かに押さえて沈める。
4 盆ざるの上にさらしをのせ、**3**をあけて漉す。さらしをぎゅっと絞って旨みを出す。
<ポイント>昆布と鰹節は質のよいものを使うこと。余っただしは、製氷皿に入れて冷凍しておくと、酢の物や麺つゆなど、少しだけだしが必要なときに便利。だしをとった後の昆布と削り節も冷凍し、量がまとまったら、昆布は山椒の粒と合わせて佃煮に、削り節はフライパンで水分を飛ばし、しょうゆと七味唐辛子、胡麻を加えてふりかけにしてもおいしい。

基本の酢飯

●**材料**（4合分）
米4合／A［千鳥酢（村山造酢）100ml／上白糖大さじ3／塩大さじ1弱］
●**作り方**
1 Aを混ぜて合わせ酢を作る。砂糖と塩が混ざるまでに時間がかかるので、早めに合わせておく。
2 ご飯を硬めに炊いて飯台に移し、**1**の合わせ酢を混ぜる。
3 うちわであおいで冷ます。

基本の甘酢

●**材料**（約100ml分）
酢100ml／砂糖大さじ2／塩ひとつまみ
●**作り方**
1 すべての材料をよく混ぜ、砂糖と塩を溶かす。
<ポイント>砂糖大さじ2はメープルシロップ大さじ2〜3でもよい。

生わかめの下処理

生わかめは洗って熱湯にさっと泳がせ、色が変わったら水にとる。硬い部分を包丁で取り除き、食べやすい大きさに切る。

菜の花の茹で方

菜の花は30分以上水に浸けておく。長さを半分に切り、熱湯に塩小さじ1を入れ、茎を20秒ほど茹でてから花を入れて、さらに20秒待ってざるに上げる。うちわなどであおいで冷ます。

春を待つ テーブル

（P.44〜49）

新生姜のジンジャーエール

●**材料**（1杯分）
ジンジャーシロップ※45ml／炭酸水適量
●**作り方**
ジンジャーシロップをグラスに入れ、炭酸水で割る。

※ ジンジャーシロップ
●**材料**（490ml、約10杯分）
A［新生姜（すりおろす）200g／グラニュー糖160g／水300ml］／レモン汁50ml（大きめのレモン約1個分）
●**作り方**
1 鍋にAを入れ、15分煮る。
2 火を止めて、少し冷めたら網で濾し、レモン汁を加える。
<ポイント>
新生姜の赤い部分を一緒にすりおろすと、綺麗なピンク色のジンジャーシロップができる。

ほうじ茶アールグレイ

●**材料**（1000ml　約5人分）
茶葉（おちゃらかCOREDO室町店「ほうじ茶アールグレイ」）10〜12g
●**作り方**
水1000mlに茶葉を入れて常温で数時間おき、抽出できたら一度混ぜ、冷蔵庫で冷やす。

手毬寿司

●**材料**（約30個分）
基本の酢飯2合分／鯵、紋甲烏賊、鯛、甘海老、細魚（すべて刺身用に切ってあるもの）各適量／山葵（おろす）適量／飾り用［生姜（おろす）、万能葱（小口切り）、山椒の葉、菜の花（茹でる）、柚子（千切り）、紅たで］各適量
●**作り方**
1 ラップの上に酢飯を約18gずつのせ、手毬に絞ってラップをはがす。
2 刺身は厚ければ削ぎ、鯵と烏賊の表面には、5mm幅で縦横に飾り刃を入れておく。鯵以外の刺身はひと切れずつラップの上に並べて山葵を少量付け、**1**の酢飯を刺身の上にのせ、手毬に絞る。鯵は山葵を使わずに手毬に絞り、飾りに生姜をのせる。
3 食べる直前に**2**のラップをはがし、飾りをのせる。

空豆

●**材料**
空豆20粒
●**作り方**
1 空豆をさやから出し、お歯黒の部分に切り目を入れる。
2 鍋に熱湯1000mlと塩大さじ1強（分量外）を入れ、**1**を2分ほど茹でる。すぐざるに上げ、あおいで冷まして皮をむく。

菜の花

●**材料**
菜の花（花の部分のみ）1/2束分
●**作り方**
1 基本のレシピを参考にして茹でる。

蕾菜、カリフローレ

●材料
蕾菜、カリフローレ各適量
●作り方
1 熱湯に塩小さじ1（分量外）を入れて材料をさっと茹でる。すぐざるに上げ、あおいで冷ます。

大根の漬物
●材料
大根の漬物（市販品）、マイクロハーブ（アマランサス）各適量
●作り方
1 大根の漬物を薄切りにし、ふわっと重ねてグラスに盛り、マイクロハーブを飾る。

お弁当仕立て
（P.50〜57）

いちご甘酒
●材料（220ml分）
A［いちご（小さく切る）大きめのもの2粒（約60g）／甘酒（福光屋「糀甘酒」）150g］／桜の塩漬け（水に放して塩抜きする）適量
●作り方
1 Aをジューサーにかける。濃いピンクがよければ、好みでいちごを増やして調整する。
2 ジューサーごと冷蔵庫に入れ、飲む間際にもう一度かくはんしてからグラスに注ぎ、水気をきった桜の塩漬けを飾る。
＜ポイント＞
いちご甘酒をシャーベットにしてもおいしい。

蕗、百合根、菜の花のだし浸し
●材料（4〜6人分）
蕗（下処理したもの※）1/2束／百合根1/2個／菜の花1/2束／基本のだし400ml／A［酒小さじ2／塩小さじ2/3／しょうゆ少々］
●下準備
百合根は外側から一枚ずつはがし、汚れている部分を取り除いて熱湯で透明感が出るまで茹でる。
菜の花は基本のレシピを参考にして茹でる。
●作り方
1 だしを火にかけ、Aを加えたら火を止めて冷ます。
2 **1**から100mlを取り分けて百合根と菜の花を漬け、残りで蕗を2時間〜ひと晩漬ける。
3 蕗を適当な大きさに切って器に並べ、百合根と菜の花を飾り、汁を張る。

※蕗の下処理
蕗は大きめのフライパンの直径に合わせて長さを切り、塩大さじ1をまぶして板ずりし、フライパンに沸かした熱湯で4〜5分茹でて氷水にとる。両側から筋を取り、水に浸けて保存する。

独活とグレープフルーツ
●材料（5〜6人分）
独活1本／グレープフルーツ（薄皮をむき小房にする）1個／片栗粉大さじ2／千鳥酢大さじ1〜2／水菜の葉先少々
●作り方
1 独活は厚めに皮をむいて短冊形に切り、水200mlに片栗粉を溶かした中に浸してアク抜きをする。20分ほどしたら水洗いしてざるに上げておく。
2 グレープフルーツを**1**に加え、千鳥酢も加えて合わせる。器に盛り、水菜の葉先を飾る。

卯の花とミニアスパラガス
●材料（10人分）
卯の花（市販品）適量／ミニアスパラガス20本／A［塩、オイル各少々］
●作り方
1 アスパラガスはAを入れた熱湯でさっと茹で、ざるに上げてあおいで冷ます。
2 器に卯の花を盛り、アスパラガスを添える。
＜ポイント＞
卯の花が少量必要なときは、市販のものを利用すると便利。

蟹ときゅうりの黄身酢和え
●材料（6人分）
殻つきずわい蟹4〜5本／きゅうり（薄切り）2本／基本の甘酢大さじ1／生わかめ40g／A［卵黄2個／基本の甘酢大さじ2］／生姜（千切り）1かけ
●下準備
殻つきずわい蟹はたっぷりの熱湯に塩大さじ1強（分量外）とともに入れ、1〜2分したら上げる。殻からはずし、酢少々（分量外）をかける。
生わかめは基本のレシピを参考に下処理する。
●作り方
1 わかめは食べやすい大きさに切る。きゅうりはたて塩（水400ml＋塩大さじ1・分量外）に浸け、しんなりしたら水気を絞って甘酢をかける。
2 黄身酢を作る。Aを小鍋に入れ、混ぜながら弱火にかける。マヨネーズより少し柔らかいくらいで火を止めて、乾いたさらしにとり、

絞って漉す。
3 器の底に**2**の黄身酢を敷き、**1**と蟹を盛った上に生姜を飾る。

焼き鴨　柚子胡椒添え
●材料（5人分）
合鴨胸肉1枚（400〜500g）／葱（5cm長さに切る）2本／しょうゆ少々／三つ葉適量／柚子胡椒（市販品）少々
●作り方
1 鴨は余分な皮と脂を取り除き、薄く塩（分量外）をして、冷蔵庫でひと晩おく。
2 **1**から水気が出ていたらキッチンペーパーで拭き取り、皮目に6〜7mm間隔で包丁を入れる。
3 熱したグリルパンに**2**を入れて、やや強めの火で皮目を焼き、ある程度脂を落としたら、火力を落として蓋をして、中までじっくり火を入れる。
4 火が通ったら網に上げ、冷めたら食べやすいよう薄切りにする。
5 グリルパンに落ちた鴨の脂をフライパンに移して熱し、葱を焼く。柔らかくなったらしょうゆで味を付ける。
6 器に**5**の葱を敷き、**4**の鴨肉をのせ、三つ葉を飾り、柚子胡椒を添える。
＜ポイント＞
鴨の脂や皮、グリルパンに残った脂は取っておき、じゃがいもを揚げたり焼いたりするときに使うとよい。

焼き鰆　獅子唐と蕗味噌添え
●材料（6〜8人分）
鰆（切り身）2切れ／獅子唐12〜16本／蕗味噌※適量／鉄砲串（6cm長さ）6〜8本
●作り方
1 鰆はひと切れを3〜4等分にし、薄塩（分量外）をして網で焼く。
2 獅子唐は、焼く際に破裂しない様、数か所に包丁の刃先で穴をあけ、刷毛でオイルを全体に塗り、網で焼く。鉄砲串で2本をまとめて留める。
3 器に**1**と**2**を盛り、蕗味噌を添える。

※蕗味噌
●材料（作りやすい分量）
蕗のとう100〜120g／A［味噌大さじ5／みりん大さじ2.5］／砂糖小さじ1弱／太白胡麻油少々
●作り方
1 蕗のとうは粗めのみじん切りにする。アクが出るので、みじん切りを始めると同時にフライパンに油を熱しておき、すぐに炒める。

2 油が回ってしんなりしてきたら混ぜ合わせたAを入れ、1〜2分練る。

3 砂糖を入れ、水分を飛ばすように炒める。

＜ポイント＞

蕗味噌は、冷凍保存できる。焼きおむすびに塗って食べてもおいしい。

筍と木の芽の天ぷら

●材料（6人分）

筍（アク抜きし下茹でする）小1本／A［小麦粉、木の芽（粗く刻む）各適量］／揚げ油、塩、木の芽（飾り用）各適量

●作り方

1 冷水にAを入れて混ぜ、衣を作る。

2 筍を食べやすい大きさに切り、**1**にくぐらせて、油で揚げる。

3 塩をふり、飾り用の木の芽をのせる。

貝散らし寿司

●材料（6〜8人分）

基本の酢飯3合分／帆立貝柱（刺身用）3〜4パック／青柳小柱、赤貝（刺身用）各2パック／木の芽適量

●作り方

1 貝類は水洗いし、帆立はそぎ切りに、ひもは細かく刻み、赤貝も大きければ食べやすい大きさにそぎ切りにする。たて塩（水400ml＋塩大さじ1・分量外）で洗い、水気をきる。

2 酢飯の上に貝類を並べ、木の芽を飾る。

＜ポイント＞

重箱に詰める場合は、四隅をきっちり詰めるときれいに見える。今回は、七寸サイズの重箱2段に、3合の酢飯を詰めて具を並べた。

寄せ卵、新和布、こごみのおすまし

●材料（6人分）

卵3個／塩小さじ1/2／こごみ6本／基本のだし900ml／A［塩小さじ1／淡口しょうゆ小さじ1］／だしをとった後の昆布1〜2枚／生わかめ50g

●下準備

生わかめは基本のレシピを参考に下処理をし、食べやすい大きさに切る。

●作り方

1 卵をしっかり溶き、塩を加え混ぜる。鍋に水1000mlと塩20g（分量外）を入れ、こごみを加えて1分茹で、氷水にとって水気をきる。

2 だしを温め、Aを合わせて汁を作る。

3 盆ざるに、濡らして絞ったさらしを広げておく。

4 昆布を水1500mlに入れて火にかけ、沸騰したら昆布を取り出して塩小さじ1（分量外）

を入れ、箸で対流を作りながら、**1**の卵を流し入れる。

5 火が通ったら盆ざるのさらしにあけ、さらしごと巻き簀で形を整えて寄せ卵を作る。両端を落として12等分に切る。

6 椀にわかめを入れ、寄せ卵二切れとこごみをのせ、**2**の汁を張る。

新茶で
アフタヌーン
ティー

（P.58〜65）

氷出し玉露

●材料（3人分）

玉露（一保堂茶舗）5g／氷250g

●作り方

1 玉露と氷をポットに入れ、常温で5時間以上おく。

＜ポイント＞急ぐときは、少量の水を加える。淹れた後の茶葉をつまんで食べてもおいしい。

温茶

上煎茶、香棒ほうじ茶（葉っピイ向島園完全有機栽培、無農薬・無化学肥料）。

ひと口羊羹（抹茶）

●材料

ささらがた抹茶羊羹（両口屋是清）適量／白きくらげのシロップ煮※適量／うぐいす豆、大納言（ともに銀座鈴屋）各適量

●作り方

半分に切った羊羹の上に、うぐいす豆、大納言、汁気をきった白きくらげを飾る。

ひと口羊羹（黒糖）

●材料

ささらがた黒糖羊羹（両口屋是清）適量／大福豆（銀座鈴屋）適量／コーヒー豆型ダークチョコレート（市販品）適量

●作り方

半分に切った羊羹の上に、大福豆とコーヒー豆型ダークチョコレートを飾る。

※白きくらげのシロップ煮

●材料（作りやすい分量）

白きくらげ（乾燥）5g／氷砂糖40g

●作り方

白きくらげは、たっぷりの水に1時間浸けて戻し、よく洗って水気をきる。黄色い硬い部分を取り除き、鍋に水500mlを入れ、白きくらげを加えて40分ほど煮込み、火を止める。氷砂糖を入れて溶かす。そのまま冷ましてシロップごと瓶に移し、冷蔵庫で保存する。

＜ポイント＞

残りの白きくらげはそのまま、または甘みが足りなければ、蜂蜜を加えて食べてもおいしい。

葛きり

●材料（6〜8人分）

吉野本葛（森野吉野葛本舗）90g／黒蜜、きなこ各適量

●作り方

1 葛は24Cmlの水に1時間以上浸けておき、一度網で漉す。

2 大きめのボウルに冷水を用意し、バットにもたっぷりの氷水を用意する。

3 型が入る大きさの鍋に多めに湯を沸かし、弱火にかけておく。

4 **1**をよく混ぜ、お玉半分ほど（約60ml）を胡麻豆腐の型に流し、型の底を鍋の湯に浸けた状態で葛が固まるのを待つ。

5 艶がなくなり、固まったら、型を湯の中に沈め、葛が透明になったら引き上げる。

6 ボウルの冷水に型ごと浸げ、水の中で指を使って型から葛をはがし、バットの氷水にとる。残りの葛も**4**〜**6**の手順を繰り返す。7〜8mm幅に切り、氷1〜2片とともに器に盛り、黒蜜ときなこを添える。

＜ポイント＞

型は、胡麻豆腐の型を使う（14.5 x 11.5cm、外側の型のみ使用）。清潔なペンチかやっとこがあると、型を熱湯に沈める際の持ち手になるので便利。

青豆飯

●材料（6〜8人分）

米3合／グリーンピース（さや付き）約350g／塩小さじ1

●作り方
1 米を研ぎ、ざるに上げて水をきり、30分間おく。
2 水200mlに塩大さじ1/2（分量外）を溶かしておく。
3 グリーンピースはさやから豆を取り出し、すぐに 2 に浸ける。米を炊き始める前にざるに上げ、水をきる。
4 米に水640mlと塩を入れ、ひと混ぜして強火にかけ、沸騰したら 3 を入れて弱火にする。火にかけてから21分を目安に火を止め、7分蒸らす。
5 炊き上がったご飯を飯台に移し、広げて少し冷ます。俵型に入れて、成形する。

大人の夕涼み
（P.66〜71）

香棒ほうじ茶の水出し
●材料（800ml）
香棒ほうじ茶（葉っピイ向島園）10g
●作り方
茶葉に水800mlを注ぎ、常温で2〜3時間おく。茶葉が開いたら一度混ぜ、冷蔵庫で冷やす。

鯛サラダ　梅ドレッシング
●材料（5〜6人分）
真鯛背節（刺身用サク）1本／A[大根約10cm／きゅうり（縦半分に切り、種を除く）1/2本／茗荷（1枚ずつ縦に千切り）2本]／B[松の実（炒る）、三つ葉各適量]／C[梅干し（甘くないもの、裏ごしする）小さじ1強／しょうゆ、油各大さじ2／酒、酢 各大さじ1]
●作り方
1 真鯛はうろこが残っていないかよく確認し、ひと口大のそぎ切りにする。
2 Aの大根ときゅうりは約5cmの長さに揃えて細切りにし、茗荷とともに氷水に放してパリッとさせてから、しっかり水気をきる。
3 器に 2 をふんわり盛り、1 の真鯛をのせ、B を飾る。
4 ボウルにCをすべて入れてよく混ぜ、食べる直前に 3 にかける。

鴨ロース 小松菜、葱
●材料（前菜として6〜7人分）
合鴨胸肉1枚（400〜500g）／小松菜1/3束／葱1/2本／A[だし、みりん、しょうゆ各80ml]／七味唐辛子適宜

●下準備
鴨は余分な脂や皮を取り除き、薄く塩（分量外）をしてひと晩おく。
●作り方
1 小松菜をさっと茹で、食べやすい大きさに切る。葱は5cm長さに切り、一枚ずつはがして縦に千切りにして水に放し、水気をしっかりきる。
2 鴨の皮目に6mm間隔で包丁を入れ、熱したグリルパンに入れ、強火で皮目に程よい色が付くまで焼いて余分な脂を落とす。
3 蒸し器に入るサイズの金属ボウルにAと 2 を入れ、湯気の上がった蒸し器で約7分蒸す。鴨は網にとって血抜きし、汁は冷ましておく。肉は食べやすい大きさに薄切りにする。
4 器に小松菜を敷き、鴨をのせ、3 の汁をかける。葱を飾り、好みで七味唐辛子をふる。
<ポイント>
残った煮汁で蕎麦を食べるとおいしい（濃い場合はだしで割る）。

焼きヤングコーン
●材料（3〜4人分）
ヤングコーン10本ほど／しょうゆ適量
●下準備
ヤングコーンはいちばん外側の皮を捨て、コーンが一部見えるようにしておく。ひげは付けたままでも、一部取り除いてもよい。
●作り方
1 鉄のフライパンにヤングコーンを並べ、ときどき箸で転がしながら焼く。
2 中まで火が通ったら、コーンが見えている部分にしょうゆをたらす。
3 皮ごと器に盛り、皮をはずしてコーンを食べる。ひげもおいしい。

稚鮎のから揚げ
●材料（5人分）
稚鮎20尾ほど／強力粉、揚げ油、塩各適量／レモン（くし形切り）適宜
●作り方
1 稚鮎は洗い、キッチンペーパーで水気を拭く。
2 粉をたっぷり付けてから、しっかりはらい、油でからりと揚げて、塩をふる。好みでレモンを添える。

漬物寿司 茗荷、茄子
●材料（約80個分）
基本の酢飯4合分／酢漬けの茗荷※12〜15本／蟹のほぐし身約40g／水茄子の漬物（市販品）1袋（4〜5本）／胡麻（炒る）大さじ2〜3

●作り方
1 水茄子は3〜4mm厚さに斜めに切る。蟹は軟骨があれば取り除き、ほぐす。
2 酢飯を2つのボウルに均等に分け、茗荷の寿司には蟹を酢飯に混ぜ、茄子の寿司には胡麻を酢飯に混ぜる。
3 茗荷の寿司はひとつ15g、茄子の寿司はひとつ13gの酢飯を計量し、それぞれ水気をきった茗荷数枚または水茄子をのせて握る。

※酢漬けの茗荷
●材料（作りやすい分量）
茗荷12本ほど／甘酢基本のレシピの分量
●作り方
1 茗荷は1枚ずつはがして熱湯でさっと茹で、甘酢に漬ける。茹でると色が抜けるが、甘酢に漬けるときれいな色になる。
2 清潔な瓶に入れて保存する。

棒生姜の甘酢漬け
●材料（作りやすい分量）
棒生姜20本／甘酢 基本のレシピの分量
●作り方
1 棒生姜はよく洗って水気をきり、沸騰した湯に食べる部分を浸けて20秒茹でる。すぐ甘酢に漬ける。漬けたまま、冷蔵庫でひと晩おく。

夏祭り（P.72〜79）

スパイシー手羽先
●材料（3〜4人分）
鶏手羽先10本／塩、こしょう各適量／A[にんにく（すりおろす）1かけ／しょうゆ大さじ1弱／タバスコ小さじ1/2〜1]
●作り方
1 手羽先を洗い、水気を拭いて、手羽中と手羽端をつなぐ関節部分に包丁を入れて切り離す。手羽中の太い骨と細い骨の間の腱を切

り離し、包丁の背を使って細い骨周りの肉を押し下げて、細い骨だけをはずす。塩、こしょうをし、Aを入れたビニール袋に入れてもみ、30分以上おく。

2 200℃に予熱したオーブンのトレーの上に網を重ね、皮目を上にして肉を置き、色が付くまで、15分ほど焼く。

<ポイント>手羽先の処理の仕方を覚えておくと格段に食べやすくなる。取り除いた手羽端は冷凍し、一定量たまったら、水と一緒に火にかけてスープをとるとよい。

自家製ポテトチップス

●材料
じゃがいも（男爵）適量／キャノーラオイル適量／ゲランドの塩適量
●作り方

1 じゃがいもはよく洗い、芽が出ていたらしっかり取り除く。皮を付けたままスライサーで薄く切る。キッチンペーパーの上に並べて水気を取っておく。

2 素揚げして、熱いうちに塩をふる。

梅じゃこむすび、塩むすび

●材料（各20個ほど）
米2合／A[基本のだし340ml／酒60ml／しょうゆ30ml]／梅干し（甘くないもの）大きめのもの3〜4粒／じゃこ40g／B[ご飯2合／塩適量]
●作り方

1 混ぜ合わせたAで米を炊く。

2 梅干しは種を取り除いて果肉をたたく。

3 2とじゃこを炊き上がった1に混ぜ、ひとつ30gを目安に、丸いおむすびにする。

4 Bでひとつ30gの塩むすびも作り、2種類を盛り合わせる。

<ポイント>
塩むすびはたこ焼き器でさっと表面を焼いて、しょうゆを塗ってもおいしい。

柴漬け

●材料（作りやすい分量）
きゅうり4本／塩 きゅうりの重さの3%／生姜（千切り）2かけ／みりん、梅酢（市販品）各100ml
●作り方

1 きゅうりは長さを5等分に切り、それぞれを縦に3〜4等分に切る。塩をふり、よく混ぜたらしばらく待って、しっかり水気を絞り、生姜を加えてさらしに包み重しをする。そのまま冷蔵庫に入れてひと晩おき、さらに手でしっかり絞って水気をきる。

2 みりんを火にかけてアルコール分を飛ばし、

梅酢と合わせて冷ましておく。

3 1をビニール袋に入れて2を加え、空気を抜いて口を閉じ、ひと晩からふた晩冷蔵庫で寝かせる。ときどき上下を返す。

<ポイント>茗荷や茄子で作ってもおいしく、材料は合わせて500gくらいまでこの分量の汁で漬けられる。

西瓜ウォッカ

●材料（6人分）
西瓜1/4個／ミントシロップ※大さじ4／ウォッカ大さじ4
●作り方

1 西瓜は2〜2.5cm角に切り、見えている部分の種は取り除いておく。ミントシロップに漬け、冷蔵庫で2時間からひと晩おく。

2 1にウォッカ加え、軽く混ぜ、グラスに盛り付ける。

<ポイント>暑い時期には、グラスごと冷蔵庫で冷やしておくとよい。

※ミントシロップ

●材料（作りやすい分量）
スペアミント3パック／グラニュー糖170g
●作り方

1 小鍋に水200ml、グラニュー糖を入れて火にかける。沸騰したら火から下ろし、スペアミントを加え、蓋をして5分蒸らす。

2 茶漉しで漉し、スペアミントを取り除いて冷ます。

<ポイント>
ミントシロップ30mlを炭酸水で割り、ライムを搾ればヴァージンモヒートができる。

月を愛でよう

（P.80〜87）

衣被とオクラのだし浸し

●材料（3〜4人分）
里いも（衣被）10個／A[黒胡麻（炒る）、塩各適量]／オクラ1袋／B[だし100ml／塩小さじ1/2]
●作り方

1 里いもは底を切り、下から2/3のあたりに水平に浅く包丁をいれる。湯気の上がった蒸し器に里いもを入れ、約15分蒸す。竹串を刺してすっと通ったら火を止める。

2 里いもの上部分の皮をつまんで脱がせ、合わせたAをふる。

3 オクラは茎の先の黒い端を切り落とし、がくの周りにひと回り包丁を入れて削り、塩ずりして、熱湯で茹でる。箸で持ち上げて落ちた汁が、ぬるっとしていれば火が通っている。ざるにとってうちわであおぎ、急冷する。

4 3のオクラを、合わせたBに浸して1時間からひと晩おく。

焼き茄子

●材料（5人分）
茄子5本／A[淡口しょうゆ、生姜汁各小さじ2]／だし100ml／淡口しょうゆ小さじ2／板ゼラチン3g／小葱（小口切り）適量
●下準備
板ゼラチンは、使う少し前にたっぷりの水に浸けて柔らかくしておく。
●作り方

1 茄子は網で黒くなるまで焼き、熱いうちに皮をむいてへたを落として裂き、食べやすい大きさに切る。

2 1の茄子は水気を軽く絞り、Aをかけて冷やしておく。

3 小鍋でだしを温め、淡口しょうゆを加えたら火を止める。ゼラチンの水気をきって入れる。

4 ゼラチンが溶けたら氷水にあてて冷やし、常温になったら冷蔵庫に入れて固める。

5 フォークでゼリー状になった4を砕き、2の焼き茄子にのせて、小葱を散らす。

焼きししゃも

●材料（2人分）
本ししゃも6匹
●作り方

1 ししゃもを魚焼き用ホイルを敷いたフライパンでこんが・り焼く。

蟹真薯椀

●材料（5人分）
魚のすり身（冷凍、ニコー「高級すりみ」）130g／A[昆布だし大さじ2／全卵大さじ1／みりん大さじ1/2]／葱10g／片栗粉小さじ1/2／蟹50g／百合根10かけ／木耳2〜3片／基本のだし450ml／B[淡口しょうゆ大さじ1／みりん大さじ1／塩小さじ1/4強]／片栗粉、水（溶いておく）各大さじ1／柚子の皮（薄くそぎ切り）5片／食用黄菊（生）1輪／揚げ油適量
●下準備
百合根は黒い部分を取り除き、熱湯に塩（分量外）少々を入れたもので、透明感が出るまで茹でる。
木耳はぬるま湯で戻し、硬い部分は取り除いて千切りにしておく。
食用黄菊は、ためた水の中で花を下に向けて

ふり洗いし、がくから花びらをはずす。

●作り方

1 魚のすり身をフードプロセッサーにかけ（すり鉢ですってもよい）滑らかになったら合わせたAを入れて、もう一度かくはんする。

2 葱をみじん切りにして片栗粉をからめ、ボウルにあけた**1**と混ぜる。

3 真薯を作る。**2**を5等分にして各々ラップの上に置き、蟹、百合根と木耳を等分にのせて包む。耐熱のガラスカップにそれぞれ入れ、湯気の上がった蒸し器に入れて強火で2分、中弱火で13分蒸す。

4 だしを温め、Bを入れて一度火を止める。だし汁を箸で混ぜながら水溶き片栗粉を流し入れる。そのまま混ぜながらもう一度火にかけ、片栗粉にしっかり火を通す。

5 **3**の真薯はラップをはがし、刷毛で片栗粉（分量外）を薄くはたき、160℃に熱しておいた揚げ油に入れて揚げる。中まで温まればよい。

6 椀に真薯を入れ、真薯の頭が出る程度に**4**を張り、柚子の皮と菊の花を散らす。

＜ポイント＞

ラップは蒸し器に入れるので、無添加のものを使用すること。

松茸ご飯

●材料（4～5人分）

米2合／松茸1～2本／A［昆布だし380ml／酒30ml／しょうゆ20ml／塩ひとつまみ］

●作り方

1 松茸は石づきを切り落とし、さっと洗い、傘は薄切りにし、軸部分も食べやすい大きさに切る。

2 米は洗ってざるにあけ、水気をきったら土鍋に合わせたA、**1**の松茸とともに入れ、強火にかけ沸騰したら弱火にする。火にかけてから21分を目安に火を止める。

3 炊き上がったら10分蒸らす。

秋刀魚づくし

（P.88～95）

秋刀魚の竜田揚げ さつまいも、獅子唐

●材料（7～8人分）

秋刀魚5匹／さつまいも2本／獅子唐20本／しょうゆ大さじ2～3／片栗粉適量／すだち（半分に切る）1～2個／揚げ油適量

●作り方

1 秋刀魚は3枚におろし、食べやすい大きさに切る。

2 さつまいもは濡らした新聞紙に包み、ホイルを巻いて、炭火または高温のオーブンで柔らかくなるまで焼く。

3 獅子唐は、包丁の刃先でぷつぷつ穴をあけ、油でさっと素揚げする。表面が白っぽくなればよい。

4 **1**の秋刀魚をしょうゆにくぐらせ、片栗粉をしっかり付けてから余分な粉を落とし、高めの温度で揚げる。

5 さつまいもは、1cm厚さの輪切りにし、獅子唐、すだちと一緒に竜田揚げに添える。

焼き秋刀魚

●材料

秋刀魚適量／塩、大根おろし、すだち各適量

●作り方

1 水洗いして水気を拭いた秋刀魚に強めの塩をふり、指でなじませる。炭火、またはオーブンのグリルモードで焼く。

2 大根おろしとすだちを添える。

春菊サラダ

●材料（4～5人分）

春菊（葉先・食べやすい大きさに切る）1束／食用黄菊（生）2輪／A［しょうゆ大さじ2／酢大さじ2／サラダ油大さじ2／胡麻油大さじ1／にんにくみじん切り小さじ2］

●下準備

食用黄菊は、ためた水の中で花を下に向けてふり洗いし、がくから花びらをはずす。

●作り方

1 Aを合わせてドレッシングを作る。

2 春菊と黄菊の水気をしっかりきって混ぜ、食べる直前に**1**で和える。

秋刀魚の土鍋炊き込みご飯

●材料（6～7人分）

米3合／秋刀魚（刺身で食べられる鮮度のよいもの）3尾／A［基本のだし405ml／秋刀魚酒90ml／淡口しょうゆ45ml］／紫蘇（千切りにして水に放す）3束／胡麻（炒って少し摺る）適量

●作り方

1 秋刀魚は3枚におろし、強火のグリルで皮目を焼いておく。後で熱々のご飯と混ぜるので半生でよい。

2 おろした骨3本は焼いてから日本酒200ml（分量外）を加え、90mlくらいになるまで詰めたら骨は取り除き、Aの秋刀魚酒を作る。

3 米は炊く前に洗米し約40℃の湯に15分浸け、ざるでしっかりと水をきり、Aと合わせ

土鍋で炊く。強火にかけ、しっかり沸いたら蓋をして弱火で8分、最後に30秒強火にしておこげを作ってから火を止める。

4 **1**を**3**のご飯の上に並べ、蓋をして10分蒸らす。秋刀魚を崩してご飯と混ぜ、水気をきった紫蘇と胡麻をかける。

＜ポイント＞

このご飯は、四谷三丁目の「旬菜料理 山灯」の渡邊雅之さんに習った絶品レシピ。

白菜の漬物

●材料（作りやすい分量）

白菜300g／昆布1枚弱（6g）／塩6gほど

●作り方

1 白菜は葉をはがしてよく洗い、水気をきる。昆布は両面をさっと濡らして放置し、切りやすい柔らかさになったら細切りにする。

2 **1**の白菜と塩をボウルに入れてよく混ぜる。さらに昆布を混ぜて、ジッパー付き保存袋に入れ、1～1.5kgの重しをして冷蔵庫でひと晩漬ける。

3 しっかり汁気を絞り、食べやすい大きさに切って盛り付ける。

なりきり蕎麦屋

（p.96～101）

焼き〆鯖

●材料（3～4人分）

焼き〆鯖半身1枚／A［玉葱、茗荷、胡瓜］各適量

●作り方

1 Aはすべて薄切りにし、氷水に放してパリッとさせておく。

2 焼き〆鯖を食べやすい大きさに切り、水気をきった**1**と盛り合わせる。

＜ポイント＞

〆鯖に比べて、焼き〆鯖は少し賞味期限が長いので、前日に購入できる。

生筋子の味噌漬け

●材料（作りやすい分量）

生筋子1腹（約300g）／A[味噌100g／日本酒大さじ1／みりん大さじ1]

●作り方

1 生筋子は血合いの部分などを取り除きキッチンペーパーで包む。均等に味を入れるため、ペーパーが二重にならないよう、余った部分は切る。

2 Aを混ぜ合わせ、ゴムべらで塗りやすい濃度にのばしたら**1**のペーパーの上から両面にまんべんなく塗り、ラップで包む。筋子に味噌が直接つかないように注意し、ひと晩以上漬ける。

3 味噌をはずして筋子を取り出し、食べやすい大きさに切る。

<ポイント>

この味噌でお味噌汁を作ってもおいしい。

卵焼き

●材料（作りやすい分量）

卵3個／A[酒、メープルシロップ各大さじ1／みりん大さじ1/2／塩小さじ1/2弱]／片栗粉小さじ1/2／サラダ油少々

●作り方

1 卵はカラザを取り、丁寧によく混ぜる。

2 混ぜ合わせたAと、水小さじ1弱で溶いた片栗粉を加え、箸でまたよく混ぜる。

3 卵焼き器を熱し、油をキッチンペーパーでまんべんなく広げる。さらに熱し、余分な油を捨てたら強めの中火にして、卵液の1/3を入れ、箸を使って丸めていく。同じ手順で残りの卵を2回に分けて入れ、卵焼き器を火から浮かせて手早く焼く。できた卵焼きを巻きすにとり、形を整えて冷ます。

ひじきの煮物

●材料（6～8人分）

A[乾燥ひじき30g／しらたき1袋／油揚げ（大きめのもの）1枚／人参（4～5cm長さの千切り）80g]／B[基本のだし400ml／みりん、メープルシロップ各大さじ1]／しょうゆ大さじ2と1/2／胡麻油小さじ2

●下準備

ひじきはさっと洗ってかぶるくらいの水に20分ほど浸けて戻し、ざるで水気をきる。

しらたきは熱湯で1～2分茹で、食べやすい長さに切る。

油揚げは熱湯でさっと茹で、4cmほどの長さに細長く切る。

●作り方

1 鍋に胡麻油を入れ、Aを中火で炒め、油がまわったら、Bを入れて煮る。

2 沸騰したら弱火にし、落とし蓋をして2～3分たったらしょうゆを入れ、汁がほとんどなくなるまで煮る。最後は蓋をとって水分を飛ばす。

<ポイント>作り立てより、翌日のほうが味がなじんでおいしい。

山椒鶏

●材料（2人分）

鶏もも肉1枚／蓮根（皮をむき6mm厚さに切る）1節／A[しょうゆ大さじ3／酒大さじ2／きび砂糖大さじ1と2/3／みりん大さじ1]／水煮の山椒粒大さじ1／山椒粉適量

●作り方

1 鶏もも肉は余計な脂や筋などを丁寧に取り除き、唐揚げより少し大きめに切って軽く塩（分量外）をする。

2 熱くした鉄鍋に油をひかずに鶏肉を入れ、出てきた脂をキッチンペーパーで拭き取りながら焼く。

3 別鍋に少量の油（分量外）を敷き、蓮根にいい色がつくまで焼く。

4 **2**の鍋の脂分を拭き取り、合わせたAを入れて少し煮詰め、山椒粒と**3**を入れてからめる。器に盛り、山椒粉をふる。

かき揚げ

●材料

舞茸（食べやすい大きさに縦に裂く）適量／薄力粉適量／A[干し海老適量／春菊（葉先）適量（干し海老の3倍程度）]／塩、レモン各適量／揚げ油適量

●作り方

1 揚げ油を熱し、舞茸に薄く薄力粉（分量外）をふって、からっと揚げる。

2 冷やした小麦粉と冷水をざっくりと混ぜて、耳たぶより少し柔らかいくらいの濃度にする。

3 合わせたAに**2**の衣を付けて、かき揚げを作る。具の状態を見ながら、水分を抜くように火加減することが大事。

4 器に**1**と**3**を盛り、塩とレモンで食べる。

新蕎麦

●材料

さがえ蕎麦（卵月製麺）適量／だし、煮切りみりん、しょうゆ各適量／A[葱（薄切りにして洗い水気をきる）、すだち（半分に切り種を抜く）、からすみ（薄皮をはがして粗めにおろす）、黒七味各適量]

●作り方

1 だし、煮切りみりん、しょうゆを、4:1:1の割合で合わせ、濃いめの汁を作る。

2 蕎麦は7分茹でてざるにとり、流水で芯まで冷やし、しっかり水をきる。器に盛り、**1**の蕎麦汁とAの薬味で食べる。

<ポイント>からすみ蕎麦にするときには、先に蕎麦を汁で和え、その上からおろしたからすみをたっぷりかける。混ぜながら食べるとおいしい。

イヤーエンドに集う

（P.102～109）

生牡蠣

●材料

生牡蠣適量／レモン（くし形切り）適量

●作り方

1 牡蠣の殻をあけ、クラッシュアイスを並べた器に盛り、レモンを添える

ブリニ&キャビア

●材料（約40枚分）

薄力粉75g／蕎麦粉75g／A[ドライイースト小さじ2/3／砂糖小さじ1/2]／卵（黄身と白身を分ける）1個／B[溶かしバター大さじ1と1/3／塩小さじ1/3／砂糖小さじ1/3／牛乳（人肌程度に温める）120ml]／焼成用バター小さじ1程度／サワークリーム、ディル各適量／キャビア（シベリアンキャビア）1瓶

●作り方

1 大きなボウルにAを入れて混ぜ、ぬるま湯120mlを入れてさらによく混ぜたら、ラップをして10～20分温かい所に置いておく。

2 薄力粉を数回に分けて**1**に入れる。泡立て器で丁寧に混ぜ、固まりがなくなったらラップをかけて暖かい所に1時間おく。

3 中ぐらいのボウルに、蕎麦粉、卵の黄身、Bを入れ、丁寧に混ぜる。固まりがなくなったら、1時間おいた**2**に混ぜ入れ、濡れタオルで覆って、暖かい所に30分から1時間おく。

4 卵白を角が立つまで泡立て、**3**に優しく混ぜ込む。

5 フライパンにバターを溶かし、**4**の生地を大さじ1ずつ落として、中火で50秒、裏返して30秒を目安に焼く。

6 サワークリームを、泡立て器で空気を含ませるように混ぜてふわっとさせ、**5**にのせる。その上にキャビア、ディルを飾る。

<ポイント>
市販のものにはない素朴な味のブリニ。焼き立てもよいが、前日に焼いて保存容器に保管しておくこともできる。その場合は、重ねるとくっつくのでオーブンペーパーをはさむとよい。

蛸とケールのサラダ

●材料（6〜8人分）
茹で蛸（3〜4つに切る）350gほど／セロリの葉少々／白ワイン少々／キヌア（ALISHAN「キヌアミックス」）50g／カーリーケール1束／A[にんにく（すりおろす）1かけ／玉葱（みじん切り）20g／オリーブオイル大さじ4／白ワインビネガー大さじ2／塩小さじ3/4／こしょう少々]

●下準備
前日にセロリの葉と白ワインを入れた湯で蛸をさっと温める程度に茹でる。ひと口サイズに切り、合わせたAでマリネしておく。
キヌアは目の細かいざるでさっと洗い、水気をきる。
カーリーケールは葉の部分を、食べやすい大きさにちぎる。

●作り方
1 小鍋に水150mlを入れ、沸騰したら塩ひとつまみ（分量外）を入れ、キヌアを入れて蓋をし、水分がなくなるまで弱火で12分ほど茹でる。火を止め、蓋の下にキッチンペーパー1枚をはさんで、5分おいてからフォークでくずす。
2 マリネしておいた蛸に**1**を加え、味見をして塩が足りなければ調整する。食べる直前にケールを加えて混ぜる。

<ポイント>キヌアはまとめて茹でて必要な分だけ使い、残りはジッパー付き保存袋などに入れて空気を抜いて冷凍保存しておくと、すぐ使えて便利。

カリフラワーのピクルス

●材料（6人分）
A[カリフラワー（洗って小房に分け茎も小さく切る）1株／にんにく（みじん切り）1かけ／ドライタイム大さじ1/2弱／B[米酢（ミツカン「お米で作った純なお酢」）100ml／塩小さじ2／きび砂糖小さじ1／ローリエ（砕く）1枚／クローブ（ホール）1粒／コリアンダー粉小さじ1/4／粒こしょう10粒／唐辛子（種を除く）1/2本]／E.V.オリーブオイル50ml

●作り方
1 ボウルにAを入れ、よく混ぜる。
2 小鍋にBと水100mlを入れて2分煮立て、熱いまま**1**に注ぎ入れて混ぜる。E.V.オリーブオイルを加えてよく混ぜ、冷ましながらさらに数回混ぜる。
3 冷蔵庫でひと晩寝かせる。途中で数回混ぜる。

ブルスケッタ
シンプルローストビーフと
マッシュポテト

●材料（約30枚分）
牛肉（黒毛和牛ももブロック）ひと塊（約450g）／A[ガーリックパウダー、塩、こしょう各小さじ1／コリアンダーパウダー小さじ1/2]／バゲット約1本／じゃがいも（男爵）2個／B[生クリーム（脂肪分45%のもの）60ml／塩、こしょう各適量]／ベビーリーフ少々／トリュフオイル適宜

●下準備
前々日に、ビニール袋の中に牛肉とAを入れ、よく揉み込んで冷蔵庫で保存する。

●作り方
1 バゲットは6mm厚さに切り、180℃のオーブンで6〜7分、焦がさないように焼く。冷めたら保存容器に入れて保管する。穴が大きくあいている部分は使わない。
2 前日に、牛肉を室温に戻し、フライパンで全面（6面）に焼き色を付け、金串を刺して様子を見ながらミディアムレアに焼く。焼けたら網に上げ、ホイルとボウルで覆って、肉汁が落ち着くまで冷ます。完全に冷めたらラップでぴったり包み、冷蔵庫に保管しておく。
3 当日、じゃがいもを水から茹でて熱いうちに皮をむき、マッシャーでつぶしてBで調味する。牛肉は食べやすい大きさに薄く切る。
4 **1**のバゲットに**3**のマッシュポテトを少量塗り、肉をのせてベビーリーフを飾る。好みでトリュフオイルをかけてもおいしい。

キャラメルケーキ
クグロフスタイル

●材料
クグロフ型キャラメルケーキ（アトリエール 山野亜希子）1台／いちじく（飾り用）3〜4個／チョコレート（Lindt「SWISS THINS」）1箱／生クリーム（脂肪分45%）1パック

●作り方
1 キャラメルケーキをいちじくとチョコレートで飾り、八分立てにした生クリームを添える。

チョコレートトリュフ

●材料（27×5.6×4cmの型1台分）
A[ダークチョコレート（刻む）250g／サワークリーム100g／オレンジ2個／カルダモン（粉）小さじ1/4／ラム酒大さじ1]／オレンジチップス（DEAN & DELUCA）、大粒ドライクランベリー（ラトビア産・富澤商店）、アマンドキャラメル フルールドゥ セル（季節限定ジャン＝ポール・エヴァン）各適量

●作り方
1 Aのオレンジは湯でよく洗ってワックスを取り、皮を薄くそいでみじん切りにする。
2 ボウルにAを入れて湯煎にかけ、よく混ぜ合わせる。
3 底のはずせる型にオーブンペーパーを敷き、**2**を流し入れて固める。寒い場所なら数時間で固まる。固まらなければ少しだけ冷蔵庫に入れてもよい。あまり出し入れすると白っぽくなるので注意。
4 16〜18個に切り分け、オレンジチップスやドライクランベリー、アマンドキャラメルを添える。

江川晴子（えがわ・はるこ）

PARTY DESIGN 代表　パーティ／テーブル　コンサルタント

長年にわたり、ケータリングサービスを中心としたパーティプロデュースに携わる（1993〜2017年）。結婚式、企業のパーティなど、さまざまな種類と規模のパーティの食卓を作ってきた技術と経験を活かし、現在「PARTY SEMINAR（パーティセミナー）」を東京・世田谷の自宅で開講している。このセミナーのテーマは「魅せるテーブルの作り方」。講義のみならず実技も伴う少人数制の講座には全国から受講希望者が絶えない。2016年、かねてよりプランを温めていた日本を楽しむコースもスタート。現代に取り入れやすい和洋を融合させたテーブル作りを提案している。簡単でおいしい料理のレシピから、とっておきの取り寄せ美味情報、クロスや食器の選び方、便利な調理器具など、セミナーでの話題も多岐にわたる。また、手作りの品を集めた PARTY DESIGN マルシェなどを年に数回開催。

著書に『HOME PARTY　料理と器と季節の演出』（世界文化社）。本書は、和のホームパーティを実践するための姉妹編となる。

http://partydesign.jp/

本書掲載の器は、すべてが著者の私物です。

器の購入先については、一部店舗名（オンラインショップを含む）をご紹介いたしましたが、現在在庫がない商品も含まれています。

また作家名のわかるものは、記載いたしましたが、定番のものでない場合もあると思います。

特に記載のない器は、海外で求めたり、昔求めたもの、譲られたものなど、購入先を特定できない器です。漆器の折敷など、PARTY DESIGN web で取り扱いのものもあります。

STAFF

構成・料理・スタイリング	江川晴子（PARTY DESIGN）
撮影	松川真介
調理協力	山野亜希子
ブックデザイン	GRiD（釜内由紀江、井上大輔、石神奈津子）
DTP制作	株式会社明昌堂
校正	株式会社円水社
編集協力	FEAST International
	関根麻美子
編集	沼田美樹
	川崎阿久里（世界文化社）

HOME PARTY ホームパーティ
和を楽しむ食卓　12か月

発　行　日　2019年10月10日　初版第1刷発行

著　　　者　江川晴子

発　行　者　竹間　勉

発　　　行　株式会社世界文化社

　　　　　　〒102-8187 東京都千代田区九段北4-2-29
　　　　　　編集部 電話 03（3262）5118
　　　　　　販売部 電話 03（3262）5115

印刷・製本　共同印刷株式会社

©Haruko Egawa, 2019. Printed in Japan

ISBN 978-4-418-19320-2